COLEÇÃO TEMPERO BRASILEIRO

cozinha
mineira

Minas Gerais Cuisine

BRAZILIAN FLAVOR COLLECTION

Cozinha Mineira / Minas Gerais Cuisine
Copyright © Editora Lafonte Ltda., 2017 Todos os direitos reservados.

Nenhuma parte deste livro pode ser reproduzida sob quaisquer
meios existentes sem autorização por escrito dos editores.

Copyright © Editora Lafonte Ltda., 2017 All rights reserved. No part of this book may be reproduced by any means without
the prior written permission of the publishers and rights holders.

Edição brasileira

Direção editorial (Editorial Direction) Ethel Santaella
Supervisão editorial (Editorial Supervision) Renata Armas
Coordenação editorial (Editorial Coordination) Dani Borges
Tradução (Translation) Marisa Amaral
Revisão português (Portuguese Review) Fernando Brito
Revisão inglês (English Review) Anna Fagundes Martino
Projeto Gráfico e capa (Layout and cover) Marina Avila
Fotos culinárias (Culinary photos) Keiny Andrade
Outras imagens (Other images) Buruhtan, Chamille White, Eskymaks, Fanfo, Fred Cardoso, Kostrez, Lucas Nishimoto, Luciano Queiroz, Luz Rosa, Minadezhda, Nancy Ayumi Kunihiro, Ostill, Paulo Vilela, Quanthem, Ricardo Ol, Rodrigobark, Santhosh Varghese, T photography, Trindade51, Zigzag Mountain Art / Shutterstock
Tratamento de imagem (Image processing) Eduardo Rocha

Dados Internacionais de Catalogação na Publicação (CIP)
(Câmara Brasileira do Livro, SP, Brasil)

```
Cozinha mineira = Minas Gerais cuisine /
coordenação Dani Borges ; tradução Marisa
Amaral. -- 1. ed. -- São Paulo : Lafonte, 2017.
-- (Coleção tempero brasileiro = Brazilian flavor
collection)

    Edição bilíngue: português/inglês.
    ISBN 978-85-8186-249-1

    1. Culinária brasileira - Minas Gerais
2. Gastronomia - Brasil 3. Receitas culinárias
I. Borges, Dani. II. Título: Minas Gerais cuisine.
III. Série. IV. Série: Brazilian flavor collection.

17-09936                              CDD-641.598151
```

Índices para catálogo sistemático:

1. Cozinha mineira : Receitas : Culinária :
   Economia doméstica 641.598151

1ª edição bilíngue: 2017
1st edition, bilingual, 2017

Av. Profa. Ida Kolb, 551 – 3º andar – São Paulo – SP – CEP 02518-000
Tel.: 55 11 3855-2286
atendimento@editoralafonte.com.br • www.editoralafonte.com.br

COORDENAÇÃO (COORDINATION)
DANI BORGES
TRADUÇÃO (TRANSLATION)
MARISA AMARAL

COLEÇÃO TEMPERO BRASILEIRO

cozinha mineira

Minas Gerais Cuisine

BRAZILIAN FLAVOR COLLECTION

1° EDIÇÃO BILÍNGUE
Bilingual 1st Edition
BRASIL 2017

Lafonte

O fogão à lenha da minha avó
My grandmother's wood burning stove

Quando assumi o projeto desta edição especial, não pude evitar em pensar na minha avó, Dona Benedita, e do tempo em que, ainda criança, costumava subir em um banquinho junto ao fogão a lenha para poder mexer nas panelas. Minha avó dizia, nas palavras dela, que eu era uma menina "entrevera", que me metia a fazer as coisas. E ela tinha razão - eu queria participar, ajudar, botar a mão na massa.

Foram dessa época as minhas referências culinárias mais importantes: dos ingredientes fresquinhos vindos do quintal, do frango ensopado cozido lentamente na panela de ferro e das lições que, sabiamente, minha avó me ensinava. "Amasse o alho com sal, fica mais fácil", dizia ela. Ou: "seca esse quiabo para não ficar babento". Então, quando penso nessa comida cheia de sabor que é a comida mineira, penso na minha avó. E é como se pudesse sentir de novo aquele calor do fogo. E assim me sinto aquecida, abraçada.

Foi assim, pensando nisso, que produzi essa edição especial. Queria que mais gente se sentisse como eu. Que mais gente pudesse estabelecer essa relação afetiva com uma comida bem temperada, bem feita. Para isso fui buscar a ajuda de chefs que, como eu, também têm uma relação afetiva com a cozinha mineira e que pudessem imprimir nas receitas que selecionamos o mesmo carinho que tenho com as lembranças da minha avó.

When I took over this special edition project, I could not help thinking about my grandmother, Dona Benedita, and about the time when I was a little child and used to climb on a little stool next to the wood burning oven so I could handle the pans. My grandmother used to say, in her words, that I was a "very engaged" girl, that liked to make things. And she was right - I wanted to participate, help and get my hands dirty.

The most important culinary references that I have are from those days: the fresh ingredients from the yard, the stews slowly cooked in the iron pot, and the lessons my grandmother wisely taught me. "Smash the garlic with salt, it is easier," she would say. Or, "dry the okra so it won't foam." Therefore, when I think about this flavorful food that makes up the Minas Gerais cuisine, I think of my grandmother. And it's like I can feel the heat of the fire again. And then I feel warm, embraced.

And this was the way, with this in mind, that I produced this special edition. I wish more people would feel like me. I wish that more people could establish this intimate relationship with a scrumptious and well-made food. To achieve this, I asked for the help of the chefs that, just like me, have this emotional relationship with the Minas Gerais food so that they could bestow on the selected recipes the same affection that I have about the memories of my grandmother.

E se você decidiu experimentar uma das receitas, um aviso importante: todas são práticas, mas, como todos os pratos mineiros, é preciso saber utilizar uma técnica essencial: o carinho. Comida gostosa em geral, e principalmente a mineira é, acima de tudo, afeto, amor. Afinal, é disso que se trata o ato de cozinhar: a canalização do nosso amor pelos outros em algo material (e delicioso). É alimentar o outro com amor.

And if you decided to try one of the recipes, an important warning: all of them are easy to prepare, but, like all Minas Gerais dishes, you must know how to use an essential technique: caring. Delicious food in general, and especially Minas Gerais food, is above all about affection, love. After all, this is what cooking is about: the transformation of our love for other people into something material (and delicious). It is to feed the other people with love.

DANI BORGES

Jornalista e chef de cozinha, tem verdadeira obsessão pela cor dourada do frango ensopado e coordena esta edição

Journalist and chef de cuisine, truly obsessed by the color of the golden stewed chicken, and coordinator of this edition.

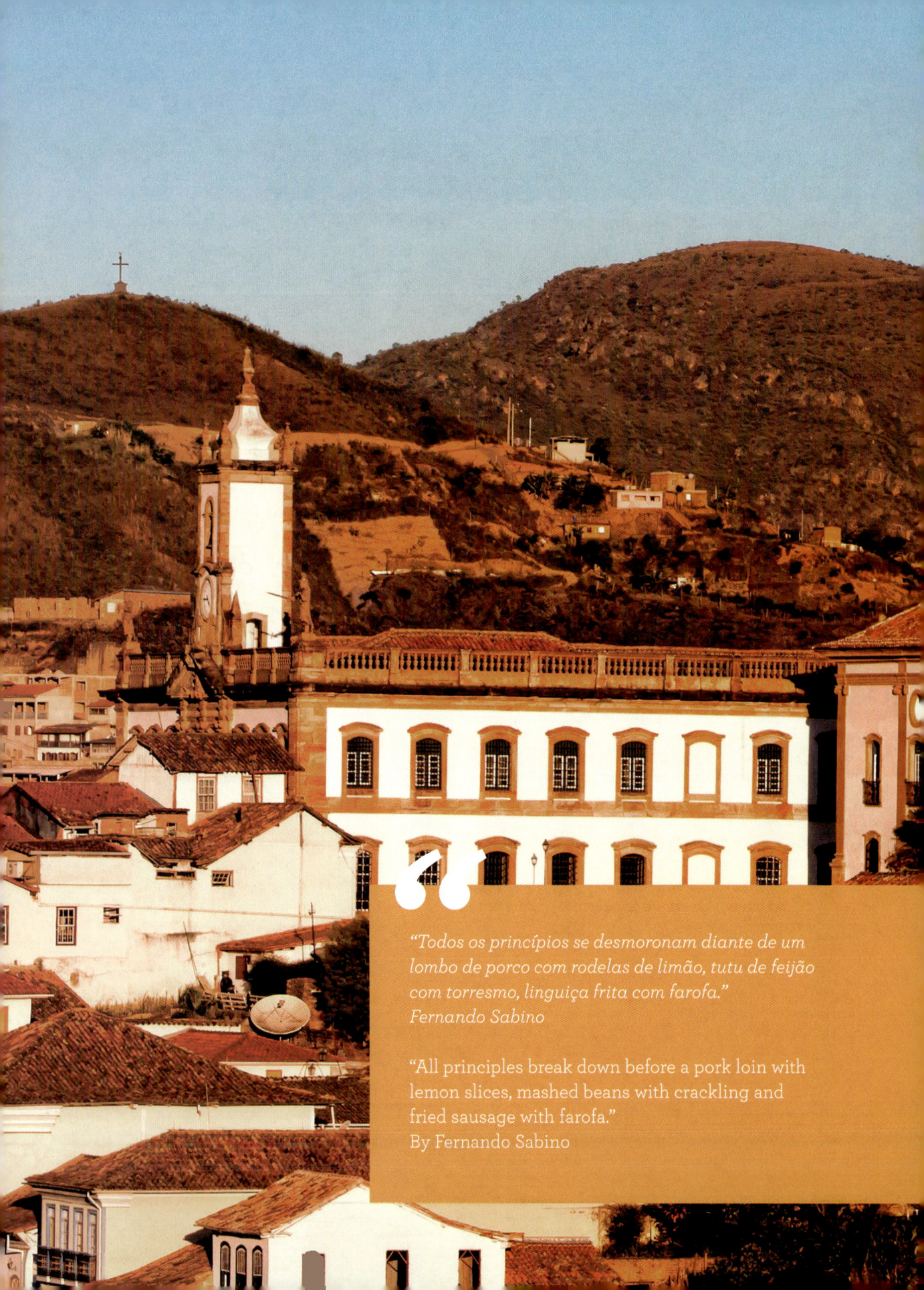

"*Todos os princípios se desmoronam diante de um lombo de porco com rodelas de limão, tutu de feijão com torresmo, linguiça frita com farofa.*"
Fernando Sabino

"All principles break down before a pork loin with lemon slices, mashed beans with crackling and fried sausage with farofa."
By Fernando Sabino

Igreja de Nossa Senhora do Carmo - Ouro Preto - Minas Gerais

ÍNDICE *Index*

12	**MINAS: COM SABOR E MUITO AFETO** *Minas gerais with love and flavor*
17	**FERRO, BARRO, PEDRA E FOGO** *Iron, clay, stone and fire*
18	**UM ESTADO PLURAL** *A plural state*
21	**INGREDIENTES COM SOTAQUE** *Ingredients with an accent*
25	**COZINHE COM AMOR, COZINHE COM PACIÊNCIA** *Cook with love, cook with patience*
26	**CONHEÇA OS CHEFS** *Meet the chefs*

RECEITAS *Recipes*

Quitutes para começar (e fazer bonito)
Delicacies to begin (and make a good impression)

30	**TEMPERO MINEIRO** *Minas gerais seasoning*
32	**PÃO DE QUEIJO COM POLVILHO AZEDO** *Pão de queijo with sour starch*
34	**BISCOITOS DE POLVILHO** *Manioc flour biscuit*
36	**PASTEL DE ANGU** *Grits fried pie*
38	**TORRESMO** *Crackling*

40	**BAMBÁ DE COUVE** *Kale bambá (minas gerais green soup)*
42	**PAMONHA COM QUEIJO** *Pamonha with cheese*
44	**BOLINHO DE MILHO VERDE** *Green corn scone*
47	**BOLINHO DE QUEIJO** *Cheese scone*
49	**TROPEIRO DE FESTA** *Party tropeiro*
51	**MOELA APERITIVO** *Gizzard appetizer*
52	**PASTELZINHO DE QUEIJO CANASTRA** *Canastra cheese fried pie*
54	**ISCUNDIDINHO DE QUIBEBE COM CARNE DE SOL** *Pumpkin iscundidinho*
56	**FÍGADO DE BOI COM JILÓ** *Bull's liver with jiló*
58	**CONSERVA DE PIMENTA-DE-CHEIRO** *Preserved pimenta-de-cheiro (peppercorns)*
59	**PÃO DE QUEIJO COM POLVILHO DOCE** *Pão de queijo with sweet manioc starch*
60	**BISCOITÃO DE POLVILHO** *Big manioc flour biscuit*
61	**POLENTA FRITA** *Fried cornmeal*

Receitas para acompanhar com estilo
Side dishes that shouldn't be put aside

64	**COUVE À MINEIRA** *Minas style kale*

| 66 | **FEIJÃO TROPEIRO**
Tropeiro bean

| 68 | **FAROFA DE OVO**
Egg farofa

| 70 | **ANGU DE MILHO VERDE**
Green corn porridge

| 72 | **QUIBEBE DE MANDIOCA**
Mashed manioc

| 74 | **CALDINHO DE MANDIOCA**
Manioc soup

| 77 | **TUTU À MINEIRA**
Tutu à mineira

| 79 | **QUIABADA**
Quiabada

| 81 | **REFOGADO DE ABÓBORA COM JILÓ**
Sauté of pumpkin and jiló

| 83 | **BATATA-DOCE CARAMELADA**
Caramelised sweet potatoes

| 84 | **ORA-PRO-NÓBIS REFOGADO**
Braised ora-pro-nóbis

| 85 | **ANGU DE FUBÁ**
Cornmeal porridge

As estrelas Do cardápio

The stars of the menu

| 89 | **FRANGO ENSOPADO**
Stewed chicken

| 90 | **FRANGO COM QUIABO**
Chicken & okra

| 92 | **GALINHADA**
Galinhada

96	**CARNE-SECA COM PURÊ DE ABÓBORA** *Jerked beef with pumpkin puree*
97	**CANJIQUINHA COM COSTELA** *Hominy with ribs*
98	**CREME DE ESPINAFRE COM BANANA DA TERRA** *Spinach cream with plantain*
100	**COSTELINHA À MINEIRA** *Minas style ribs*
102	**VACA ATOLADA** *Vaca atolada*
104	**ARROZ MEXIDÃO** *Mexidão rice*
106	**LOMBO ASSADO** *Roasted loin*
108	**COZIDO À MINEIRA** *Mineira stew*
110	**LEITÃO À PURURUCA** *Pururuca piglet*
112	**COSTELA COM MANDIOCA** *Ribs and manioc*
115	**ARROZ DE SUÃ** *Loin on rice*
116	**ARROZ À CAVALO** *Arroz à cavalo*
118	**ARROZ DE COSTELA** *Ribs on rice*
120	**FEIJOADA DO CONSULADO** *Consulate feijoada*
122	**PERNIL DE PANELA** *Pan-seared loin*
125	**COSTELINHA COM MOLHO DE RAPADURA E AGRIÃO** *Pork ribs with rapadura sauce and cress*
126	**COSTELINHA AO FORNO COM PURÊ DE BATATA DOCE** *Baked pork ribs with sweet potato puree*

Minas: com sabor e muito afeto

MINAS GERAIS WITH LOVE AND FLAVOR

A COZINHA MINEIRA É QUASE UMA UNANIMIDADE NO BRASIL. NENHUMA OUTRA CONSEGUIU SE TORNAR TÃO PARTE DO DIA A DIA DE TODAS AS REGIÕES. COM INGREDIENTES SIMPLES E ACESSÍVEIS, ESSA CULINÁRIA FAZ SUCESSO PELO SABOR MARCANTE E PELAS REFERÊNCIAS AFETIVAS QUE CARREGA CONSIGO

THE FOOD FROM MINAS GERAIS IS AN UNANIMITY IN BRAZIL. NONE OTHER BECAME SUCH A PART OF THE DAILY LIFE THROUGHOUT THE COUNTRY. THIS CUISINE IS VERY POPULAR BECAUSE OF THE SIMPLE AND ACCESSIBLE INGREDIENTS, THE REMARKABLE FLAVOR AND, ABOVE ALL, OF ALL ITS AFFECTIVE REFERENCES.

Da terra brotou, e ainda brota, tudo de mais valioso em Minas Gerais. As fontes de ouro e outros minerais que levaram os colonos país adentro foram apenas as primeiras de muitas riquezas que dali nasceriam. A chegada dos portugueses e dos escravos africanos, o contato com a população indígena e as características da região se uniram e geraram uma cultura própria. Dessa cultura, nasceu algo muito mais valioso do que pedras preciosas. Nasceu uma culinária única.

Essa história começa com um ingrediente essencial: a distância. Foi a localização, quase um mundo inteiro além das grandes cidades e da metrópole portuguesa, que fez da culinária de Minas o que ela é. Por isso, a cozinha mineira cresceu, acima de tudo, baseada em uma cozinha de necessidade. Seus pratos e iguarias se baseiam em ingredientes simples e acessíveis: o porco, a galinha, o quiabo,

From the earth rose, and still rises, everything that is valuable in Minas Gerais. The mines of gold and others minerals which attracted the country settlers from all over Brazil was the first wealth of this state. When the Portuguese and the African slaves arrived, and had contact with the indigenous population and also with the characteristics of the region, the culture of Minas Gerais was created. From this culture, something much more valuable than precious stones was born. A unique cuisine was created.

This history begins with an essential ingredient: the distance. It was a location, almost the whole world far away from the major cities and from Portuguese metropolis that made Minas Gerais cuisine the way it is. Therefore, this food developed, above all, based on necessity. The dishes and delicacies uses simple and accessible ingredients: pig, chicken, okra, kale a couve, o fubá. Em vez de empobrecer a culinária local, essa limitação serviu de inspiração para o mineiro. O preparo cuidadoso e às vezes bastante longo, chegando a tomar horas de cozimento ou no forno, permitiram aos colonos transformar aqueles ingredientes limitados em delícias que hoje todos nós apreciamos.

Técnicas e principalmente muita paciência no preparo levaram à criação de pratos que se tornariam símbolos não só da comida da região, mas de todo o Brasil.

Herança: *A cozinha mineira também é, sobretudo, uma miscelânea formada pela herança gastronômica de vários povos: dos colonos portugueses, dos negros africanos e da população indígena da região.*

Os aromas são outra característica única na comida de Minas Gerais. O uso dos temperos, aprendido "na marra", pela população local, enriqueceu os sabores. Um frango cozido não era mais qualquer frango cozido. Com toques locais, como o quiabo e a pimenta-de-cheiro, esse prato se transformou em um clássico local. Tantos outros pratos que no dia a dia são apenas triviais, com o toque mineiro, se transformam em uma iguaria. Essa criatividade se sente no olfato. É o lombinho crepitando no forno, o torresmo saltando em pururuca numa velha travessa de ferro ou a linguiça que toma forma com seu principal tempero.

Essa soma entre a necessidade e o isolamento moldou também a personalidade do mineiro. A união familiar, tão forte nessa região, é uma das principais marcas dessa influência. A religiosidade é outra forte característica. As igrejas e as festas de santos deram à população um senso de comunidade muito forte. Daí nasceu a famosa hospitalidade mineira, que tem na oferta de quitutes aos visitantes um dos seus pontos mais conhecidos. A mesa farta, o cafezinho que não se deve recusar, o pão de queijo preparado na hora... Visitar uma tradicional casa mineira e

and fubá (a flour made with corn or rice). Instead of impoverishing the local cuisine, this limitation inspired the Minas people. The very careful and sometimes very slow cooking, sometimes taking hours to prepare, allowed the settlers to transform those limited ingredients into the dishes we all love today.

Heritage: The Minas Gerais cuisine is also, and especially, a blend formed by the heritage of several people: Portuguese, Africans and local indigenous populations.

The dishes and delicacies uses simple and accessible ingredients: pig, chicken, okra, kale and fubá. Techniques and, mainly, a lot of patience in preparation results on the creation of dishes that became symbols of the exclusively food from not only of the region but from all over Brazil.

The smell is another unique feature in Minas Gerais food. The use of seasonings, learned "by hook or crook" by the local population enriched the flavours. A cooked chicken was no longer an ordinary cooked chicken. With the addition of a local touch, like okra and pimenta-de-cheiro, this dish turned into a classic. So many others dishes that are very ordinary become delicacies with the Minas touch. You can feel the smell of this creativity. It is a pork loin crackling in the oven, the crackling jumping in pururuca (pork rind) in an old iron dish or a sausage that takes shape with its main ingredient.

This mixture between need and insulation also molded the personality of Minas Gerais people. The families are very united in this region, and it is one of the main traces of this infuence. The religiosity is another strong feature. The churches and all the saints' feasts imprint a very strong sense of community to this people. From this emerged the Minas Gerais hospitality, which is known any time they over a delicacy to a guest. The full table, the irrefutable coffee, just made pão de

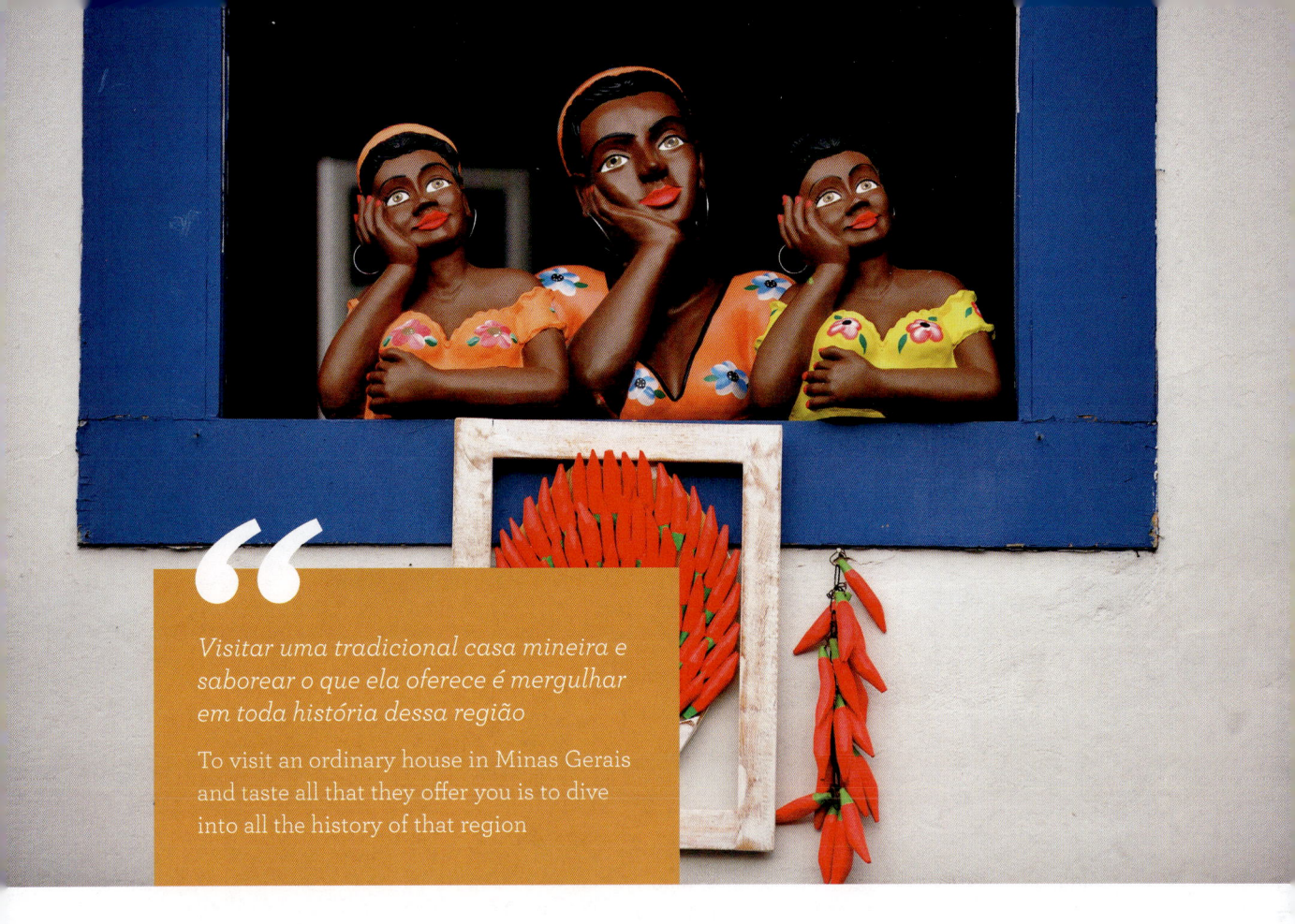

> *Visitar uma tradicional casa mineira e saborear o que ela oferece é mergulhar em toda história dessa região*
>
> To visit an ordinary house in Minas Gerais and taste all that they offer you is to dive into all the history of that region

saborear o que ela oferece é mergulhar em toda a história dessa região.

Hoje, a comida de Minas Gerais é sinônimo de algo gostoso, familiar, reconfortante. Quem prova algum prato mineiro tem não apenas a oportunidade de saborear algo delicioso, mas também o privilégio de conhecer uma riqueza imensurável. São séculos de muita luta e criatividade. Esse conhecimento acumulado, traduzido em iguarias deliciosas, é o verdadeiro tesouro de Minas.

queijo .... To visit an ordinary house in Minas Gerais and taste all that they offer you is to dive into all the history of that region.

Nowadays, the Minas Gerais food refers to something tasty, family, comforting. Who tastes such dishes has not only the opportunity to taste something delicious but also has the privilege to know an immeasurable wealth. It is the result of centuries of fighting and creativity. This accumulated knowledge is translated into delicacies that are the real treasure of Minas Gerais.

Receber bem está no sangue mineiro. Essa hospitalidade se traduz nas fartas refeições mineiras - seja nas fazendas coloniais ou nos centros urbanos. Não é à toa que o bom mineiro se reúne ao redor da mesa: seja do bar, na Grande Belo Horizonte, famosa por seus botequins, seja em casa, com a família.

To be a great host is in the blood of Minas Gerais people. This hospitality is translated into good food - whether on colonial farms or at the cities. No wonder people get together around the table of a bar in Belo Horizonte, a city famous by its pubs, or at home with the family.

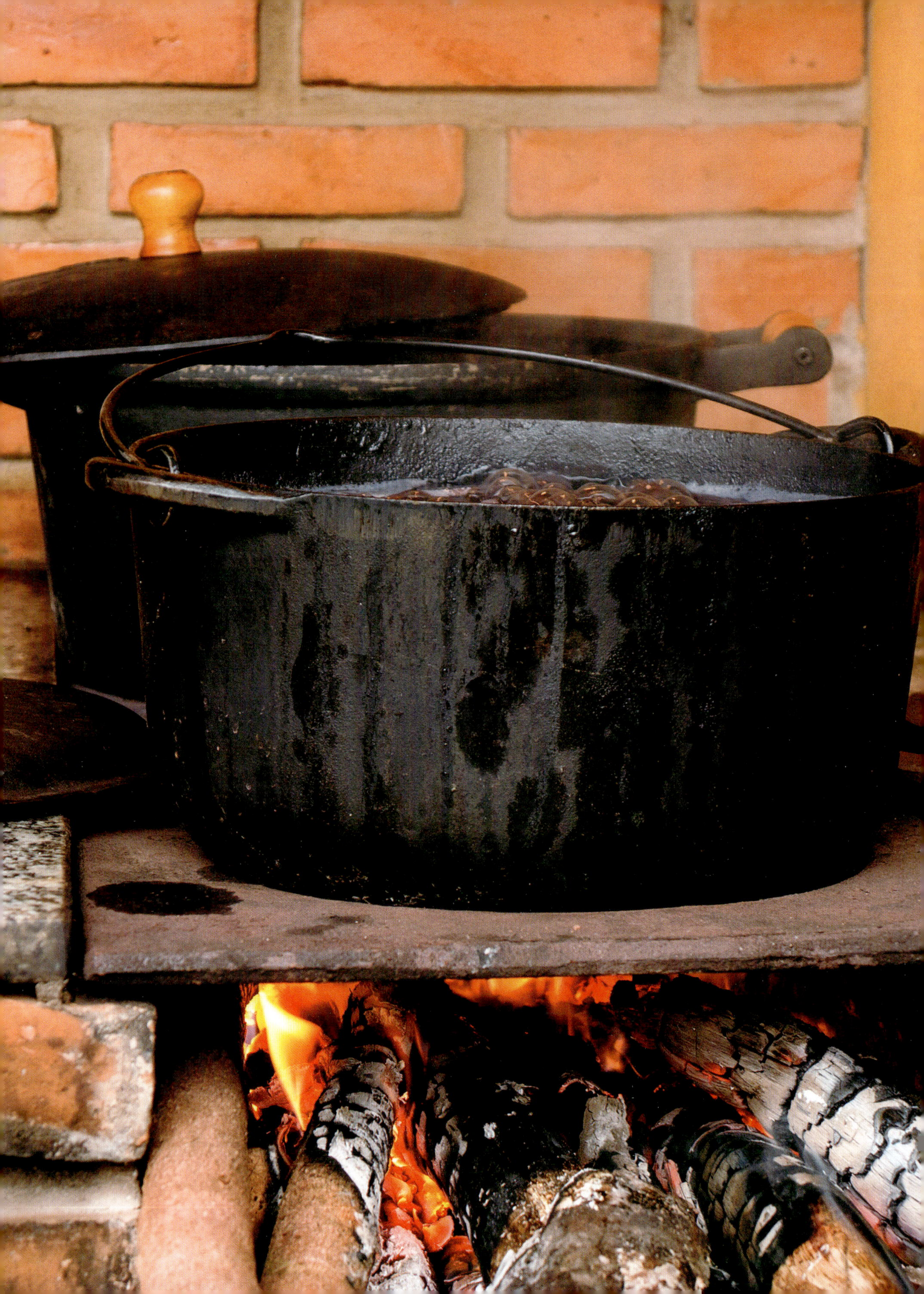

Ferro, barro, pedra e fogo
Iron, clay, stone and fire

A boa (e tradicional) comida mineira é preparada no fogão a lenha, em horas e horas de lento cozimento. Para aguentar essa rotina puxada, só panelas reforçadas que atribuem às preparações o toque rústico que a comida pede. Além disso, panelas de ferro, barro ou pedra sabão ainda têm a vantagem de conservar o calor e manter a comida quente por mais tempo.

The good (and traditional) food from Minas Gerais is prepared in a wood-burning oven, with hours and hours of slow cooking. Only reinforced pans are able to handle all the hard, rustic handling that this cuisine demands. Besides that, iron, clay and soapstone pots have the advantage of keeping the heat and the food warm for a longer time, as well.

Ferro fundido

Mais comuns, as panelas de ferro fundido são ideais para preparar ensopados, refogados e molhos à base de carne.

Pedra Sabão

É boa para preparos de cozimento rápido e pouco ácidos, como angu e frango.

Barro

Versáteis, vão ao forno e à chama, e são ideais para cozimentos lentos: como o feijão ou a feijoada.

Cast iron

The most common is the cast iron pan. It is the best to prepare stewed, braised and meat sauces.

Soapstone

It is good for fast and low acid cooking, such as corn-porridge and chicken

Clay

Versatile, they can go as well to the fire as to the oven and are the best to slow cooking, such as bean and feijoada.

Um estado plural
A plural State

DOS QUATRO CANTOS DE MINAS GERAIS, INGREDIENTES DÃO FORÇA E PERSONALIDADE ÀS RECEITAS TÍPICAS

FROM THE FOUR CORNERS OF MINAS GERAIS, INGREDIENTS GIVE STRENGTH AND PERSONALITY TO THE TYPICAL RECIPES

Não é à toa que Minas Gerais é um estado no plural. Com quase 600 mil quilômetros quadrados, ele tem o mesmo tamanho de Espanha e Portugal juntos. São mais de 20 milhões de habitantes vivendo em climas e relevos tão diversos quanto as regiões da Península Ibérica. Essa pluralidade se traduz também na sua riqueza gastronômica.

Dividimos o estado em quatro regiões gastronômicas – delas saem desde o tradicional queijo do Serro, no Norte, passando pelo queijo Canastra e pela carne de sol e de sereno, do Cerrado Mineiro.

De cada uma dessas regiões, um ou mais ingredientes se destacam e, com eles, delícias de todo tipo são preparadas, criando a identidade gastronômica de um povo, que se baseia em uma produção culinária rica e viva.

It's no wonder that Minas Gerais is a plural state. With an area of almost 600 thousand square kilometers (226,460 sq mi), it is larger than Spain and Portugal together, with 20 million inhabitants living in different climates and altitudes, just like the regions of the Iberian Peninsula. This plurality is also reflected into its gastronomic wealth.

We divide the state into four gastronomic regions – from one of them arises the traditional Serro cheese in the North, passing through the Canastra cheese and for the jerked beef and the Carne de Sereno, from Cerrado Mineiro.

From each of these regions, one or more ingredients are highlighted and, with them, all kind of delicious dishes are prepared, creating the gastronomic identity of a people, which is based in a rich, lively culinary.

Carnes do Cerrado

ESPALHADO POR VÁRIAS REGIÕES DO ESTADO, DESDE O NORTE ATÉ A SERRA DA CANASTRA, NA DIVISA COM SÃO PAULO, O CERRADO TEM UMA GRANDE DIVERSIDADE DE SABORES. DELE VEM A CARNE SERENADA, UMA VERSÃO DA CARNE SECA - MUITO COMUM EM MONTES CLAROS. TAMBÉM É DO CERRADO QUE NASCE O QUEIJO DO PARQUE NACIONAL DA SERRA DA CANASTRA, QUE ENCHE DE ORGULHO O POVO MINEIRO. O CLIMA TAMBÉM FAVORECE A PRODUÇÃO DE CAFÉ. ALI SE DESENVOLVE UM GRÃO DE ALTO PADRÃO, MOVIMENTANDO A ECONOMIA DE CIDADES COMO ARAXÁ, ARAGUARI, AIMORÉS, MONTE CARMELO E PATROCÍNIO.

Cerrado different types of meat

Spread throughout various regions of the state, from the North to the Serra da Canastra on São Paulo border, the Cerrado has a diversity of flavors. The Carne Serenada - one version of jerked beef - comes from this region, and it's common in Montes Claros. It's also from Cerrado that comes the cheese from the Serra da Canastra National Park, which is the pride of the local people. The weather favors the coffee production - high standard grain are grown there, moving the economy of cities such as Araxá, Araguari, Aimorés, Monte Carmelo and Patrocínio.

O norte do queijo

COM CARACTERÍSTICAS QUE LEMBRAM O NORDESTE BRASILEIRO, ESSA ÁREA INCLUI AS REGIÕES DO NORTE DE MINAS E DO VALE DO JEQUITINHONHA. ATUALMENTE, SUAS MAIORES RIQUEZAS SÃO A PRODUÇÃO DE CACHAÇA E A PECUÁRIA. DE LÁ TAMBÉM VEM O QUEIJO DO SERRO, QUE, FEITO DO MODO TRADICIONAL, É CONSIDERADO PATRIMÔNIO IMATERIAL PELO IPHAN. A INFLUÊNCIA DOS TROPEIROS NESSA ÁREA É FORTE, COM PRATOS QUE LEVAM INGREDIENTES SECOS, FÁCEIS DE LEVAR EM VIAGENS.

The cheese from the north

With features similar to the Brazilian Northeast region, this area includes the North of Minas Gerais and the Jequitinhonha valley. Nowadays, the cachaça production and cattle farms are their great wealth. The Serro Cheese, considered an immaterial heritage if prepared by the traditional recipe, also hails from this area. The Tropeiros (a kind of cowboy) influence is very strong in this area, with dishes that uses dried ingredients, easy to take on their journeys.

Boemia na Região Metropolitana

A 50 QUILÔMETROS DA CAPITAL, JÁ NAS MONTANHAS, ESTÃO AS CIDADES DE ITABIRITO E AMARANTINA, ONDE OS MOINHOS DE ÁGUA AINDA TRABALHAM NA PRODUÇÃO DO FUBÁ DE MILHO, DO QUAL É FEITO O DELICIOSO PASTEL DE ANGU. JÁ A CIDADE DE BELO HORIZONTE - BH, COMO FOI APELIDADA PELOS MINEIROS - TEM ALMA BOÊMIA E CENTENAS DE BARES. ELA INSPIRA OS MAIS VARIADOS PETISCOS – DOS PASTEIZINHOS DE QUEIJO CANASTRA, PASSANDO PELO BOLINHO DE MILHO E, COMO NÃO PODERIA DEIXAR DE SER, O TORRESMO.

The nightlife in the metropolitan areas

Itabirito and Amarantina, distant 50 kilometers from the state's capital city, are the places where the water mills still produce fubá (corn flour), the main ingredient of the delicious grits fried pie. The city of Belo Horizonte – also known as BH – has a bohemian soul, with hundreds of pubs. It is an inspiration to create a lot of snacks – such as the Canastra cheese fried pies, corn scones and, of course, crunchy pork crackling

Zona da Mata e os cortes suínos

REGIÃO ONDE ESTÃO AS HISTÓRICAS TIRADENTES E SÃO JOÃO DEL-REI E LOCAL DOS PONTOS ALTOS DA COZINHA MINEIRA. LÁ, HISTÓRIA E GASTRONOMIA ESTÃO ENTRELAÇADAS PELAS RUAS DE PARALELEPÍPEDOS E CASARIOS COLONIAIS, DE ONDE SE SENTE O CHEIRO DA COMIDA PREPARADA NOS FOGÕES A LENHA. GANHA DESTAQUE NA REGIÃO A PRODUÇÃO DE PORCOS – HOJE EM DIA COM TÉCNICAS MODERNAS DE CRIAÇÃO, ESPECIALMENTE NA CIDADE DE PONTE NOVA.

Zona da Mata and the pork cuts

The region of the historical Tiradentes and São João Del-Rei cities is where the high points of Minas Gerais cuisine are. There, history and gastronomy are intertwined through the paving stone streets and colonial houses, from where you can smell the food prepared in the wood stoves. The pig farms the highlight of this region - nowadays with modern farm techniques, especially in the city of Ponte Nova.

Ingredientes com sotaque
Ingredients with an accent

VEJA QUAIS SÃO OS INGREDIENTES QUE DÃO A TÃO DELICIOSA FAMA À COZINHA MINEIRA

MEET THE INGREDIENTS THAT GIVES THE DELICIOUS FAME TO MINAS GERAIS CUISINE

Que ingredientes dão a cara e o tom à cozinha mineira? Uma rápida olhadela pelas receitas típicas, e a resposta estará na ponta da língua: o cheiro-verde, a pimenta, a couve, sempre presentes, e as carnes de porco e curadas, como a de sol e de sereno. E também tem muito angu de fubá, complemento quase obrigatório do frango ensopado e, claro, o quiabo.

Mas nem só de ingredientes é feita a cozinha mineira. Junte a tudo isso o "tempero mineiro", tradicionalmente carregado no alho e na cebola, para dar o gostinho característico às preparações.

A seguir, conheça os ingredientes mais comuns e como eles são utilizados na culinária da região.

Which ingredients set the tone of the Minas Gerais cuisine? A glance at traditional recipes and the answer will be at the tip of the tongue. The parsley, chives, pepper, the kale are always there, as well as the pork and jerked beef, like Carne de Sol and Carne de Sereno. There is also a lot of grits, a required complement of the stewed chicken and, of course, okra.

The Minas Gerais cuisine is much more than ingredients. Mix it all to "tempero mineiro", the Minas Gerais seasoning, prepared with a lot of garlic and onion which gives the typical taste to the dishes.

Following, you will know the most common ingredients used at the region cuisine.

Fubá: **INGREDIENTE USADO NAS MAIS DIVERSAS PREPARAÇÕES, O FUBÁ, DERIVADO DO MILHO, TEM ALTO TEOR NUTRITIVO. ELE GARANTIU A SOBREVIVÊNCIA DA POPULAÇÃO QUE VIVIA DO GARIMPO NO INTERIOR DE MINAS GERAIS. DELE SÃO FEITOS O ANGU, MINGAUS, BOLOS E O FAMOSO PASTEL.**

Fubá Corn flour: Used in different preparations, the fubá is very nutritive. It ensured the survival of the people who lived in the elder mines at Minas Gerais countryside. With Fubá one can make grits, porridge, cakes and the famous pastel (fried pie).

Cheiro-verde
e Pimenta de Cheiro

SALSINHA E CEBOLINHA CORTADAS BEM FINAS, JUNTAS, COMPÕEM ESSE INGREDIENTE, QUE É POTENCIALIZADO COM O ACRÉSCIMO DE UM TERCEIRO ELEMENTO: A PIMENTA DE CHEIRO.

Cheiro Verde
and Pimenta de Cheiro

Parsley and chive chopped into thin slices. Together they make this ingredient, which can be highlighted by adding a third element: pimenta-de-cheiro (peppercorns)

Abóbora

O SABOR SUAVE E ADOCICADO DA ABÓBORA FAZ DELA UM DOS INGREDIENTES MAIS VERSÁTEIS: APARECE EM REFOGADOS, PURÊS (O TRADICIONAL QUIBEBE) E DOCES.

Pumpkin

The sweet and so taste makes the pumpkin one of the most versatile ingredients. It appears in sautés, purees (the traditional mashed pumpkin) and candies.

Carne de Porco

PARTE DO ESTILO DE VIDA MINEIRO, A CRIAÇÃO DE PORCOS PARA O CONSUMO NAS FAZENDAS ELEVOU O ANIMAL AO STATUS DE ALIMENTO INDISPENSÁVEL. SUA CARNE, RICA EM SABOR E EM POSSIBILIDADES DE PREPARO, É APROVEITADA EM PRATOS QUE VÃO DESDE A FEIJOADA - HERANÇA DA CULTURA PORTUGUESA - ATÉ O LOMBO E O TORRESMO.

Pork Meat

Part of Minas Gerais lifestyle, the pork farms made this animal an imperative part of the local diet. Its meat, rich in flavor and in possibilities of preparations, is used in dishes like Feijoada – a Portuguese heritage –, roasted pork loin and crackling.

Quiabo

DE ORIGEM AFRICANA, O QUIABO FOI INCORPORADO À COZINHA REGIONAL BRASILEIRA E É UM COMPANHEIRO QUASE INSEPARÁVEL DO FRANGO ENSOPADO. PODE SER SERVIDO COZIDO OU REFOGADO.

Okra

From Africa, the okra was incorporated in the Brazilian regional cuisine and it is almost mandatory as an accompaniment to stewed chicken. Can be served cooked or braised.

Queijo

SOLUÇÃO LOCAL PARA APROVEITAR O EXCEDENTE DE LEITE, TORNOU-SE QUASE SINÔNIMO DE MINAS GERAIS. HOJE OS QUEIJOS MINEIROS SÃO APRECIADOS EM TODOS O PAÍS. NÃO À TOA, O MODO DE PREPARO DO QUEIJO DE MINAS DO SERRO FOI TOMBADO PELO INSTITUTO DO PATRIMÔNIO HISTÓRICO NACIONAL (IPHAN).

Cheese

The natural solution to the abundance of milk in the region, the cheese is a synonym of Minas Gerais. The local cheese is appreciated all over the country. It's no wonder that the National Historical Patrimony Institute (IPHAN) granted the status of cultural heritage to the preparation of Serro cheese.

Couve

INGREDIENTE INDISPENSÁVEL DA BRASILEIRÍSSIMA FEIJOADA E DO CALDO VERDE, HERDADO DE PORTUGAL, A COUVE SE INTEGROU À COZINHA MINEIRA DE TAL FORMA QUE, HOJE, UMA NÃO EXISTE SEM OUTRA.

Kale

This is an indispensable ingredient at the Brazilian Feijoada and in the Caldo Verde (a green soup). A heritage from Portugal, the kale is such a part of Minas Gerais cuisine that one cannot survive without the other.

Jiló

O GOSTO AMARGO FAZ DESSE FRUTO UM INGREDIENTE DO TIPO AME OU DEIXE-O. É BASTANTE USANDO NAS PREPARAÇÕES MINEIRAS - COMO ACOMPANHAMENTO OU APERITIVO.

Jiló (Scarlet Eggplant)

The bitter taste makes this an extreme ingredient – either you love it or hate it. Jiló is the Brazilian name for the green fruit of the scarlet eggplant and is very popular in the Minas Gerais cuisine – either as side dish or as an appetizer.

Carne-de-Sol

NEM SEMPRE É PREPARADA AO SOL. CASO DA CARNE DE SERENO, QUE É PRODUZIDA EM ÁREAS COBERTAS E VENTILADAS, PROTEGIDAS POR TELAS. SEU PREPARO ARTESANAL CONSISTE EM ABRIR A CARNE EM MANTAS FINAS, QUE SÃO SALGADAS E DEIXADAS PARA SECAR. O RESULTADO É UMA CARNE MARROM-ACINZENTADA POR FORA E AVERMELHADA POR DENTRO.

Carne de Sol

Literally translated as "Sun Meat", this kind of jerked beef is not always prepared by the leaving the meat to dry out in the Sun. The Carne de Sereno (literally Dew Beef) is produced in aired and covered areas, protected by nets. The handmade preparation then cuts the mean in thin slices, which are salty and dried. The result is a meat which is grey-brown outside and red inside.

Ora-pro-nóbis

ORA-PRO-NÓBIS É UMA FRASE EM LATIM QUE SIGNIFICA ROGAI POR NÓS. NA COZINHA MINEIRA, ELE É SAGRADO. UMA ESPÉCIE PRIMITIVA DE CACTO, ELE É ACOMPANHAMENTO DE CARNES VERMELHAS, PRINCIPALMENTE NA FORMA REFOGADA.

Ora-pro-nóbis

Ora-Pro-Nóbis is a Latin phrase that means, "pray for us". It is sacred in Minas Gerais cuisine. It is a form of cactus, and it goes well with meat, specially when sautéed.

Cozinhe com amor, Cozinhe com paciência

Cook with love, cook with patience

A boa comida mineira é a transformação do simples em algo único, rico. Isso se faz com dedicação e com calma, respeitando o ritmo de cada ingrediente. Por isso, o conselho dos chefs especializados nesse tipo de cozinha é paciência e amor. Muitas das receitas requerem que os ingredientes sejam temperados de um dia para o outro, para dar aquele sabor que só a comida de Minas tem. "Não tenha pressa, pois essa é uma cozinha que requer muita paciência para que o tempero possa aderir na comida", aconselha o chef Fernando Carneiro.

Essa dedicação também é importante para a chef Elzinha Nunes, para quem a cozinha de Minas é sobretudo afetiva.

"Quando uma cozinheira mineira prepara um prato, coloca nele uma boa dose de amor. Além disso, sempre que penso na cozinha mineira, penso na família reunida ao redor da mesa. É um ato extremamente afetivo", avalia. Para a chef Angelita Gonzaga, a cozinha mineira seduz pela transformação de itens básicos em um prato saboroso.

"O mais interessante é a simplicidade com tanto sabor. Produtos que geralmente estão no quintal de muitos mineiros e que dão origem a aromas e misturas inigualáveis", diz.

The good Minas Gerais cuisine is about the transformation of something simple into something unique and rich. This can only be made with dedication and patience, respecting the ingredients' cooking pace. That's why the advice of the chefs is to have patience and love. A lot of recipes demand that the ingredient must be seasoned in the day before the preparation, so the flavor of Minas food can be achieved. "Take your time, because this cuisine demands a lot of patience so the spice can get in the food", says the chef Fernando Carneiro.

This dedication is also important for chef Elzinha Nunes, who believes that Minas cuisine is, above all things, about affection.

"When a cook from Minas Gerais prepares a dish, she puts a good dose of love in it. Besides that, when I think about Minas cuisine, I think about the family getting together by the table. It is an extremely affective act", she evaluates.

For the chef Angelita Gonzaga, the Minas Gerais cuisine seduces people by transforming basic items into delicious dishes.

"The most interesting thing is the simplicity with so much flavor. Products grown in the garden of a lot of people in Minas Gerais become unparalleled mixtures and smells", she says.

Conheça os chefs que prepararam as receitas dessa edição

Meet the chefs responsible for the recipes in this book

Angelita Gonzaga

ESPECIALISTA NA COZINHA CAIPIRA BRASILEIRA, A CHEF DIRIGE O RESTAURANTE ARIMBÁ, EM SÃO PAULO. PARA ANGELITA, A COZINHA MINEIRA EXTRAPOLOU OS LIMITES GEOGRÁFICOS E GANHOU O BRASIL.

Specialized in Brazilian country cuisine, the chef runs the Arimbá restaurant in São Paulo. For Angelita, Minas Gerais food exceeded the geographical limits and conquered Brazil.

Dani Borges

JORNALISTA, DEIXOU AS REDAÇÕES PARA ESTUDAR GASTRONOMIA. AGORA, CADA VEZ MAIS SE ENVEREDA POR ESSA SEARA, PESQUISANDO NOVOS SABORES E TESTANDO AS RECEITAS QUE VAI DESCOBRINDO.

A former journalist, she quit the newsroom to study Gastronomy. Now, she is more in this area, studying new flavors and testing the recipes that she creates.

Elzinha Nunes

NASCIDA EM SERRO, IMPORTANTE CIDADE COLONIAL MINEIRA, COMANDA O RESTAURANTE QUE LEVA O NOME DE SUA MÃE: DONA LUCINHA, UMA DAS MAIORES REPRESENTANTES DA CULINÁRIA DE SUA REGIÃO.

Born in Serro, the most important colonial city at Minas Gerais, she runs the restaurant named by her mother: Dona Lucinha, one the most representative chef of the region cuisine.

Marcelo Côrrea Bastos

O CHEF PARANAENSE TEM A CULINÁRIA BRASILEIRA COMO A BASE DE SUA COZINHA, COM INFLUÊNCIAS DAS MAIS DIVERSAS REGIÕES DO PAÍS. COMANDA O RESTAURANTE JIQUITAIA, EM SÃO PAULO.

The cuisine of this chef from Parana is based on the Brazilian food from diverse regions. He runs the Jiquitaia restaurant, in Sao Paulo.

Priscilla Herrera

DE POÇOS DE CALDAS-MG, A CHEF ESTÁ À FRENTE DO RESTAURANTE BANANA VERDE, ESPECIALIZADO EM COZINHA NATURAL. LÁ, EMPREGA TODO SABOR MINEIRO DE SUAS ORIGENS EM RECEITAS SABOROSAS.

From Poços de Caldas city, at Minas Gerais, the chef runs Banana Verde Restaurant, specialized in natural food. In the restaurant, she puts all the Minas Gerais flavor in tasteful recipes.

Fernando Carneiro

MINEIRO DE SENADOR FIRMINO, HÁ MAIS DE 20 ANOS É O CHEF-PROPRIETÁRIO DE UM DOS MAIORES REPRESENTANTES DA GASTRONOMIA DE MINAS EM SÃO PAULO, O RESTAURANTE CONSULADO MINEIRO.

From Senador Firminio, Minas Gerais, he's been the owner and chef of Consulado Mineiro Restaurant - one of the most representative Minas Gerais cuisine houses in São Paulo - for more than 20 years.

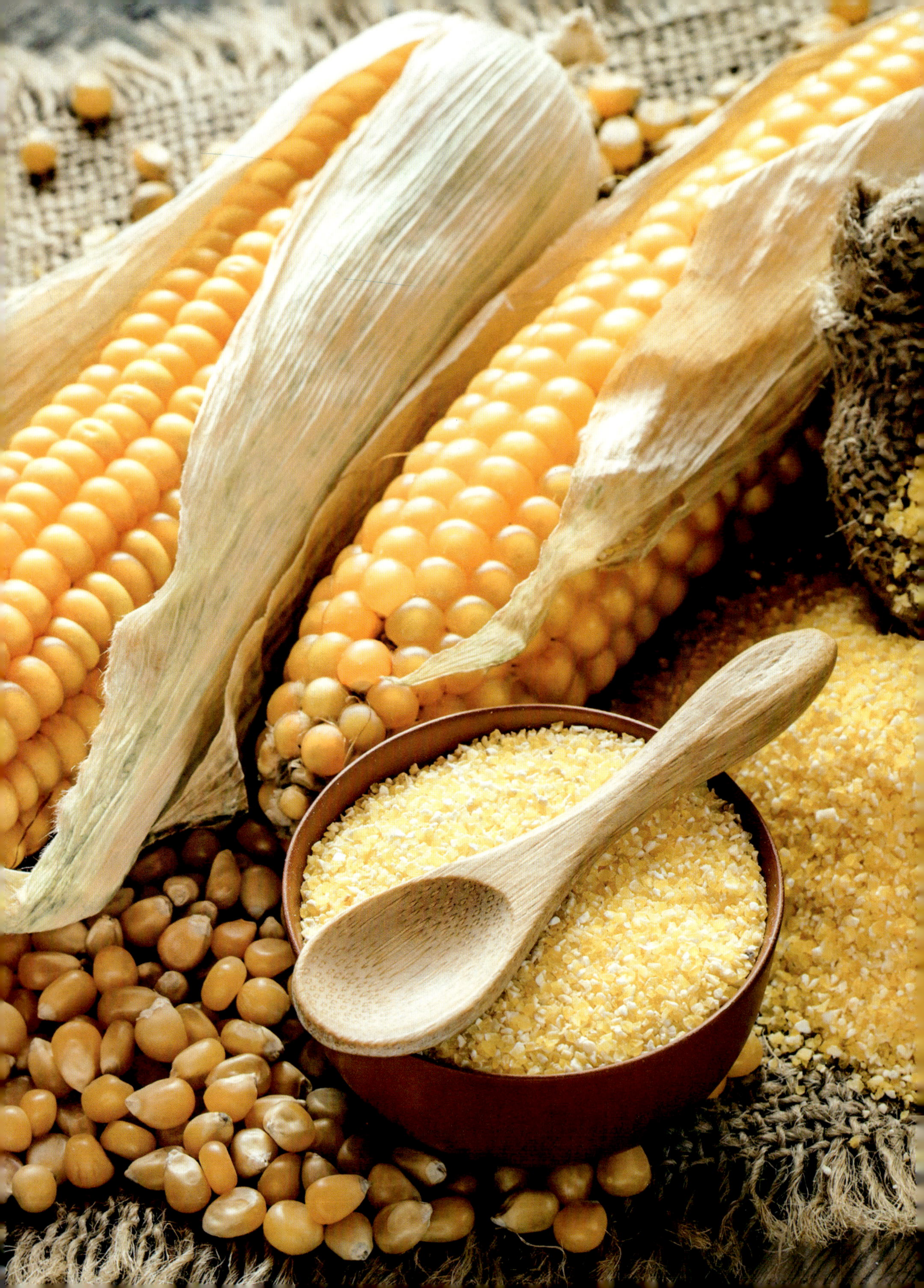

Quitutes para começar
(e fazer bonito)

DELICACIES TO BEGIN
(AND MAKE A GOOD IMPRESSION)

A cozinha mineira não seria a mesma se não fosse a sua capacidade de agregar. Por isso, nesta seção, separamos os petiscos mais deliciosos para compartilhar com amigos. São receitas práticas e cheias de sabor que irão te ajudar a entrar no clima da cozinha mineira em grande estilo.

The Minas Gerais cuisine would not be the same without its capability of bringing people together. That's why, in this section, we picked up the most delicious snacks to share with friends. These are practical and full of love recipes that will help you to get into Minas Gerais cuisine in great style.

TEMPERO MINEIRO
MINAS GERAIS SEASONING

rendimento: **1 pote grande** makes: **1 large container**
tempo de preparo: **10 minutos** ready in: **10 minutes**

ingredientes

- 2 cebolas brancas limpas
- 1 cabeça de alho descascado e limpo
- 1 maço de salsinha
- 2 pimentas dedo-de-moça sem sementes
- 2 xícaras (chá) de óleo ou azeite de oliva
- ½ maço de cebolinha
- 1 xícara (chá) de sal marinho

ingredients

- 2 white onion
- 1 bulb of peeled and cleaned garlic
- 1 cup parsley
- 2 dedo-de-moça pepper without seeds
- 2 cups vegetable oil or olive oil
- ½ cup chive
- 1 cup salt

modo de preparo

1. Em um processador coloque a cebola, a pimenta, o alho e triture por alguns minutos.
2. Adicione a salsinha e a cebolinha e triture por mais alguns minutos.
3. Misture o sal e o azeite.
4. Coloque em potes limpos e armazene na geladeira por até um mês.

directions

1. Pulse onion, pepper, garlic in a spice grinder for a few minutes.
2. Add chive and parsley and pulse for a few minutes more.
3. Mix salt and oil.
4. Put it in a clean food storage and and keep it in the freezer for up to a month.

dica/tip

Carnes, saladas e arroz ficam bem mais saborosos com o tempero mineiro

Meat, salads and rice get very tasty with Minas Gerais seasoning

culinária mineira   coleção tempero brasileiro

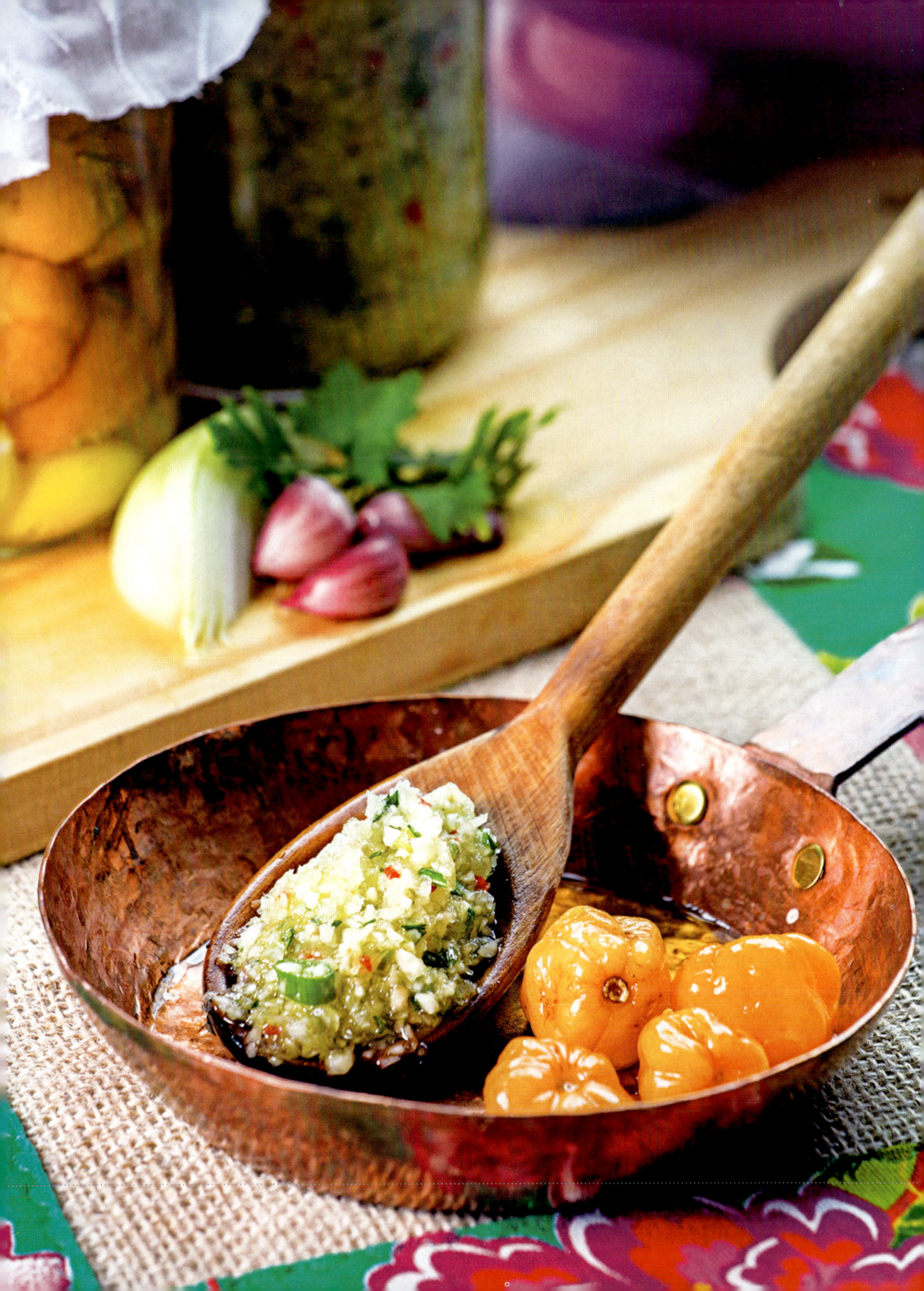

PÃO DE QUEIJO COM POLVILHO AZEDO

PÃO DE QUEIJO WITH SOUR STARCH

rendimento: **30 unidades**
tempo de preparo: **30 minutos**

makes: **30 units**
ready in: **30 minutes**

ingredientes

- 1 kg de polvilho azedo
- 1 colher (sopa) de sal
- 1 xícara (chá) de óleo
- 2 batatas grandes cozidas em purê
- 4 xícaras (chá) de leite
- 4 ovos pequenos (com ovo caipira ou orgânico fica mais amarelo)
- 500 g de queijo Minas curado, bem amarelo (Serra da Canastra)

ingredients

- 1 kg Polvilho Azedo (sour starch/sour cassava starch)
- 1 tablespoon salt
- 1 cup vegetable oil
- 2 big potatoes, cooked and mashed
- 4 cups milk
- 4 eggs (with free range or organic eggs, the bread will become more yellow)
- 500 g Minas Cheese (grated or crumbled dark yellow cheese such as Serra da Canastra)

modo de preparo

1. Numa tigela, coloque o polvilho azedo e o sal. Reserve. **2.** Numa panela em fogo médio, coloque o óleo e o leite e deixe ferver. **3.** Desligue o fogo e jogue lentamente sobre a mistura reservada (polvilho e sal) e mexa até esfriar totalmente a massa (se possível, utilize masseira). **4.** Adicione o purê de batata e os ovos até incorporá-los totalmente. Se for preciso, acrescente mais leite até obter uma massa homogênea. **5.** Por último, adicione o queijo. **6.** Com as mãos, faça pequenas bolinhas com 30 g cada e coloque-as numa assadeira. **7.** Em seguida, leve ao forno médio pré-aquecido a 180°C por 20 minutos.

directions

1. Combine sour starch and salt in a bowl. Set aside. **2.** In a saucepan over medium heat, add oil and milk and bring it to boil. **3.** Turn the oven off and slowly add the sour starch mixture. Mix it and let the dough cool (if it is possible, use a pasta maker) **4.** Add the smashed potatoes and the eggs together to the mixture. If necessary, add milk to make the mixture more homogeneous. **5.** At last, add the cheese. **6.** As soon as the kneading is completed, shape the dough into round balls with your hands. Place them on a cookie sheet. **7.** Place the cookie sheet on the top shelf of a preheated oven (180°C) and bake for 20 minutes.

Use uma colher para medir o tamanho dos pães: isso vai ajudar a fazer todos com tamanhos parecidos. Além disso, deixe o pão de queijo mais crocante polvilhando, antes de assar, queijo parmesão sobre os pãezinhos.

Use a tablespoon to measure the dough: this will help you make the cheese breads with the same size. You can also make the snack crunchier by sprinkling Parmesan cheese over the dough before baking.

BISCOITOS DE POLVILHO
MANIOC FLOUR BISCUIT

rendimento: **50 unidades**
tempo de preparo: **35 minutos**

makes: **50 biscuits**
ready in: **35 minutes**

ingredientes

- 4 xícaras de polvilho
- 2 xícaras de óleo
- 1 xícara de água
- 5 ovos
- Sal a gosto

ingredients

- 4 cup manioc flour
- 2 cups vegetable oil
- 1 cup water
- 5 eggs
- Salt

modo de preparo

1. Coloque o polvilho em uma vasilha e reserve.
2. Junte a água e o óleo e leve ao fogo.
3. Quando a mistura levantar fervura, escalde o polvilho, misturando bem e deixe esfriar.
4. Acrescente os ovos, um a um, amassando vigorosamente. Acerte o sal.
5. Coloque a massa em um saco de confeitar.
6. Usando um bico do tipo pétala, coloque a massa em uma assadeira (não precisa untar), fazendo palitos de 15 centímetros.
7. Leve ao forno por 25 minutos (ou até ficar dourado).

directions

1. Put the manioc flour in a bowl and set aside.
2. Add water and oil and take it to the stove.
3. Once it boils, add the manioc flour, mix it well and let it cool.
4. Add the eggs, one at a time, and stir well. Correct seasoning.
5. Put the dough into a confectionery bag.
6. Using the leaves nozzle, put the dough in a baking sheet (no need to grease), making sticks of 15 centimeters.
7. Bake in the oven for 25 minutes or until golden brown.

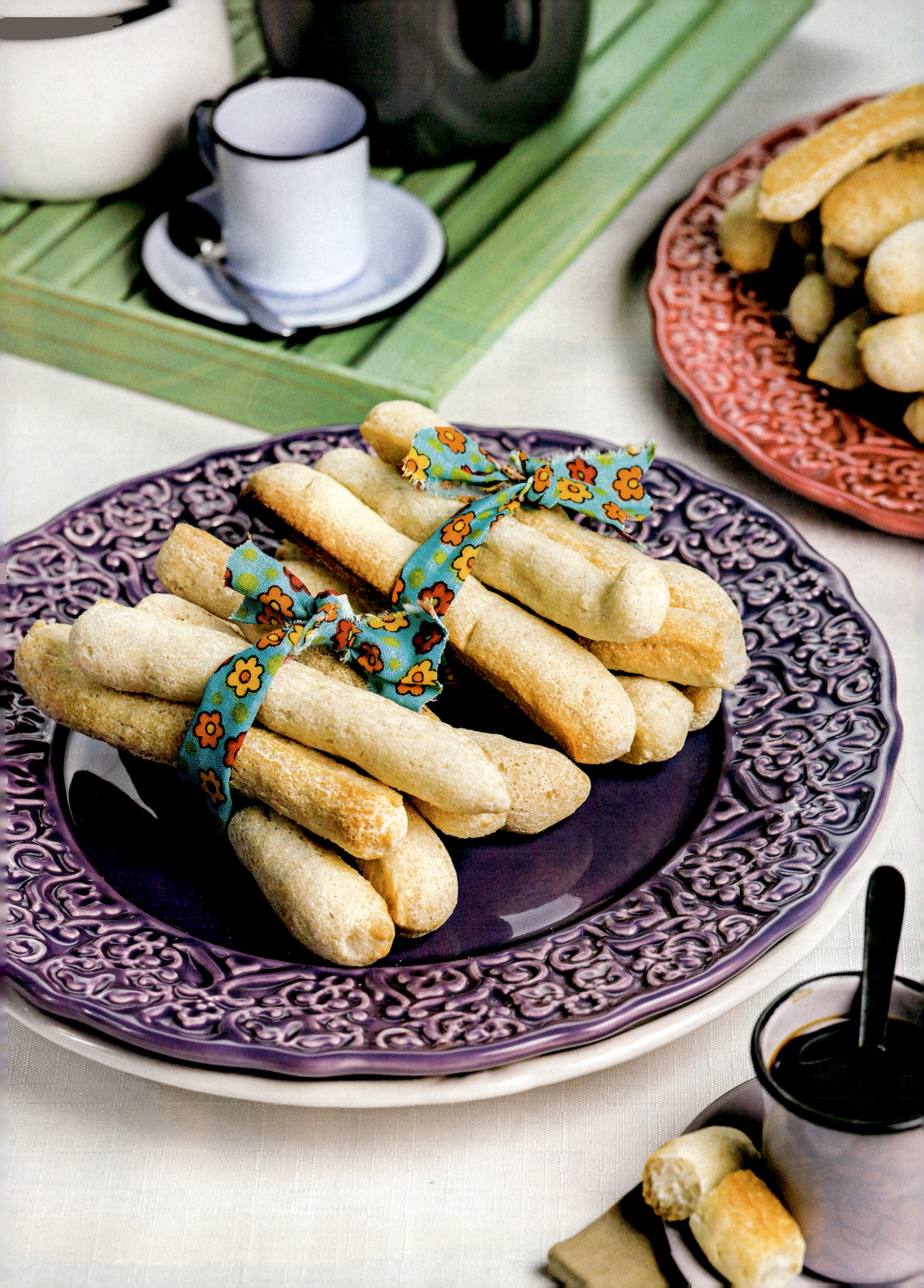

PASTEL DE ANGU
GRITS FRIED PIE

rendimento: **30 pastéis**
tempo de preparo: **30 minutos**

makes: **30 units**
ready in: **30 minutes**

ingredientes

Recheio: • 500 g de carne moída • 1 cebola cortada em cubos • 2 dentes de alho amassados • Sal e pimenta-do-reino a gosto • Cheiro verde a gosto
Pastel: 2 litros de água • 1 kg de fubá de moinho d'água • 1 xícara de polvilho azedo • 1 colher de chá de sal • 1 colher de café de bicarbonato de sódio

modo de preparo

Recheio: **1.** Refogue a carne moída com a cebola e o alho. Deixe fritar até que fique bem sequinha. Tempere com o sal, a pimenta-do-reino e o cheiro verde. Deixe esfriar a reserve.
Pastel: **1.** Ferva os dois litros de água com o sal e adicione o bicarbonato. **2.** Acrescente o fubá, aos poucos, mexendo sempre com uma colher de pau. **3.** Deixe cozinhar até ficar no ponto de uma massa firme, criando uma crosta no fundo da panela. **4.** Espalhe a massa sobre uma superfície limpa e lisa. **5.** Sove bem a massa e adicione o polvilho, mexendo até que fique bem lisa. **6.** Faça bolinhas da massa e abra na mão. Acrescente o recheio. **7.** Feche a massa com a ponta dos dedos. **8.** Frite em óleo bem quente e sirva.

ingredients

Filling: • 500 g ground beef • 1 onion cut into cubes • 2 cloves of crushed garlic • Salt and black pepper to taste • Parsley and chives
Pastry: • 8 cups of water • 1 kg fine milled cornmeal moinho d'água • 1 cup manioc starch • 1 teaspoon salt • 1 teaspoon sodium bicarbonate

directions

Filling: **1.** Sauté the ground beef with onion and garlic. Let it fry until it looks dry. Season with salt, pepper, parsley and chives. Let it cool and reserve.
Pastry: **2.** Boil the 8 cups of water with the salt and add the sodium bicarbonate. **3.** Add the cornmeal gradually, stirring constantly with a wooden spoon. **4.** Cook until the dough gets firm, creating a crust in the bottom of the saucepan. **5.** Spread the dough on a clean, smooth surface. **6.** Knead the dough well and add the manioc starch, stirring until it gets very smooth. **7.** Make dough balls and open them in the hand. Add the filling. **8.** Close the dough with your fingertips. **9.** Fry in very hot oil and serve.

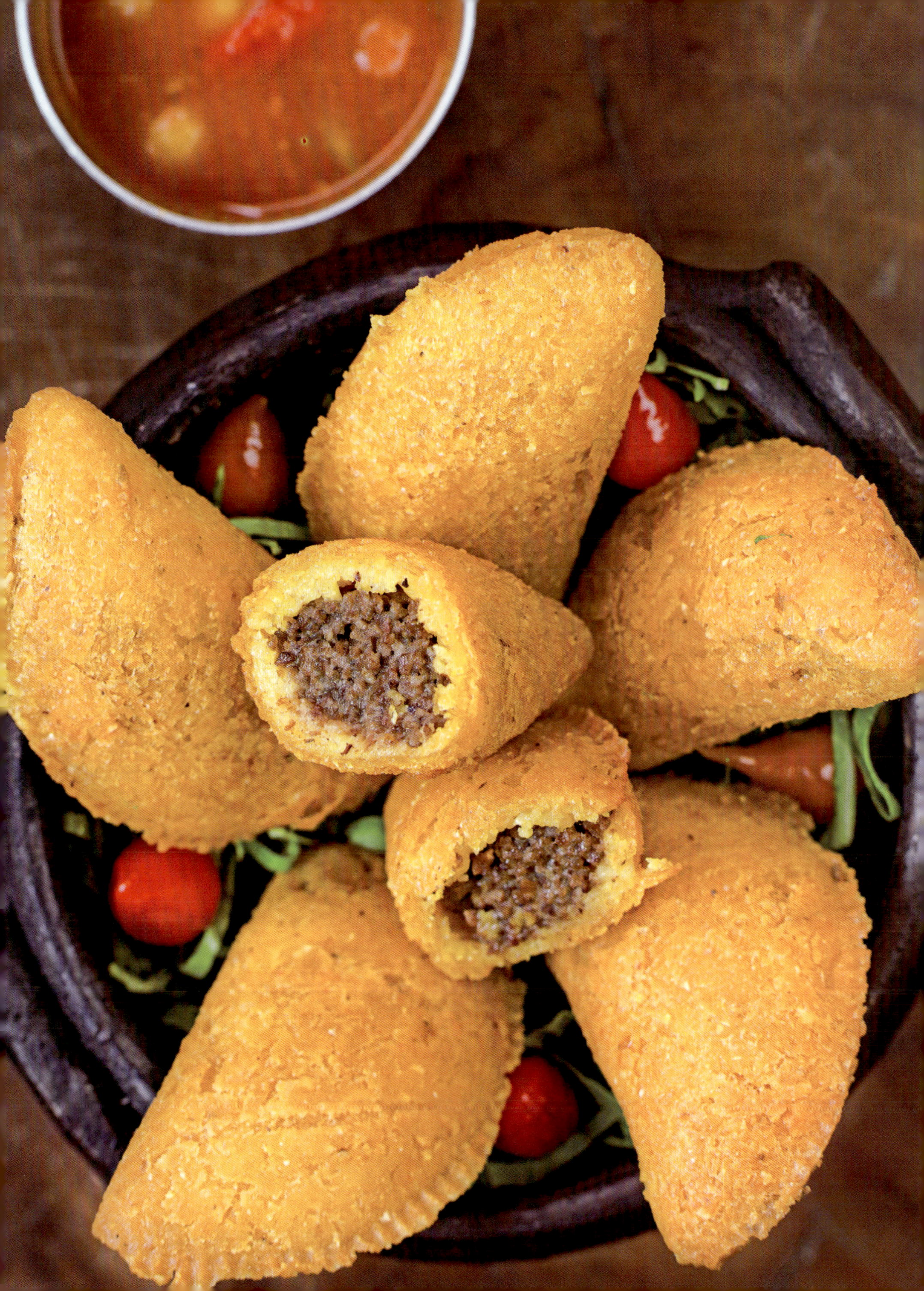

TORRESMO
CRACKLING

rendimento: **4 porções**
tempo de preparo: **1h30**

makes: **4 portions**
ready in: **90 minutes**

ingredientes

- 1 kg de barriga de porco cortada em fatias de 2cm
- 1 colher (sopa) de sal rasa
- 1 concha de óleo com dois dentes de alho batidos
- 1 litro de óleo para fritar

ingredients

- 1 kilogram pork belly in slices of 2cm
- 1 teaspoon salt
- 1 cup oil with two smashed garlic cloves
- 4 cups oil (to fry it)

modo de preparo

1. Leve ao fogo uma panela de ferro com o óleo.
2. Coloque a barriga de porco lavada, escorrida e temperada com o sal, e mantenha em fogo brando, mexendo aos poucos, até a banha começar a derreter.
3. Quando a barriga de porco começar a empipocar, retire-a da panela e deixe descansando por, no mínimo, uma hora.
4. Coloque um litro de óleo quente numa panela e adicione a barriga de porco pré-frita, deixando fritar até o ponto de pururuca.

directions

1. Heat the oil in a iron-cast pan.
2. Place washed, drained, and seasoned pork belly, and keep it on low heat, stirring gradually, until the lard begins to melt.
3. When the pork belly starts to get crunchy, remove it and let it rest for at least an hour.
4. Place 2 cups of hot oil in a saucepan and add the pre-fried pork belly, letting fry until it turns into crackling..

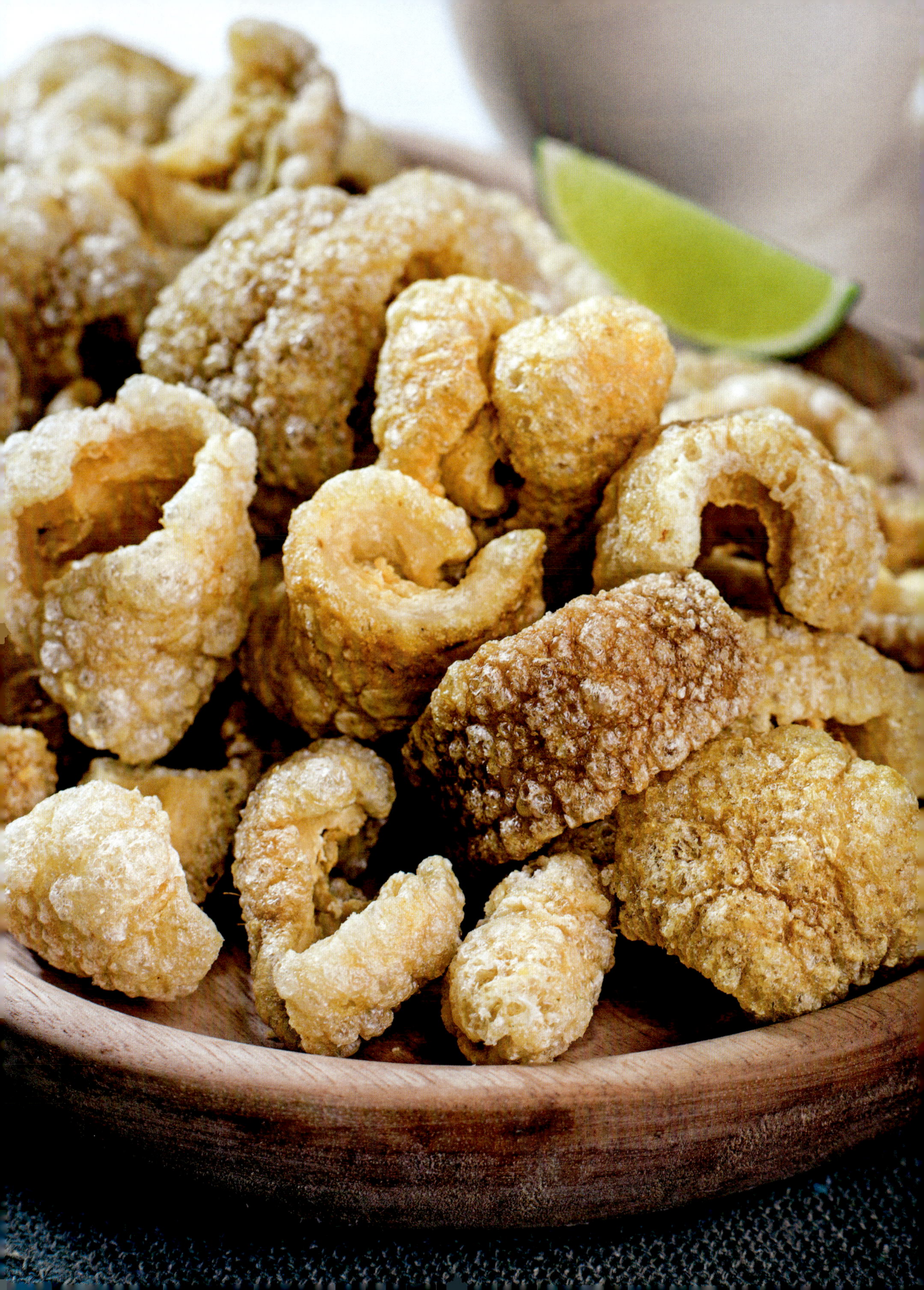

BAMBÁ DE COUVE
KALE BAMBÁ (MINAS GERAIS GREEN SOUP)

rendimento: **4 porções**
tempo de preparo: **35 minutos**

makes: **4 portions**
ready in: **35 minutes**

ingredientes

- 3 colheres (sopa) de fubá • ½ litro de água
- ½ maço de couve rasgada e cortada bem fina
- 3 ovos • 1 colher (sopa) de farinha de trigo
- 100 g de queijo Minas • ½ maço de cheiro-verde
- Óleo para fritura e para refogar • Sal a gosto
- 2 dentes de alho picados

modo de preparo

1. Em uma panela, refogue as três colheres de fubá com óleo e alho, acrescente a água e mexa até dissolver o fubá. Deixe cozinhar por 20 minutos.
2. Em outra panela, refogue a couve com óleo, alho e sal e, em seguida, junte ao creme de fubá. *3.* Bata os três ovos e, em seguida, adicione uma colher de farinha, cheiro-verde e queijo Minas. Acerte o sal a gosto.
4. Coloque óleo em uma frigideira e deixe bem quente. Faça bolinhos com a massa usando uma colher. Frite-os no óleo quente. Em seguida, junte ao bambá.

ingredients

- 3 tablespoons cornmeal • 2 cups water • 1/2 bundle of thinly sliced kale • 3 eggs • 1 tablespoon wheat flour • 100 g Minas cheese • ½ packet parsley and chive • Oil for frying and for braising • Salt to taste • 2 cloves garlic, chopped

directions

1. In a saucepan, braise the three tablespoons of cornmeal with oil and garlic, add the water and stir until the corn is dissolved. Let it cook for 20 minutes.
2. In another saucepan, braise the kale with oil, garlic and salt, then, add them to the cornmeal cream. *3.* Beat the three eggs, then add a tablespoon of flour, parsley, chives, and Minas cheese. Correct the seasoning. *4.* Put oil in a frying pan and heat it. Mold the dough using a spoon. Fry them in the hot oil. Serve alongside the cornmeal soup.

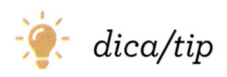

dica/tip

Ao preparar o creme de fubá, mexa a mistura sem parar, para evitar que grude no fundo da panela. Experimente também colocar uma fatia de queijo canastra no fundo do prato antes de servir para adicionar ainda mais sabor e deixá-la mais cremosa.

While you are preparing the cornmeal cream, stir the mixture constantly, so it won't stick to the bottom of the saucepan. Try also to put a slice of Canasta cheese on the bottom of the plate before serving to add even more flavor and make the soup more creamy

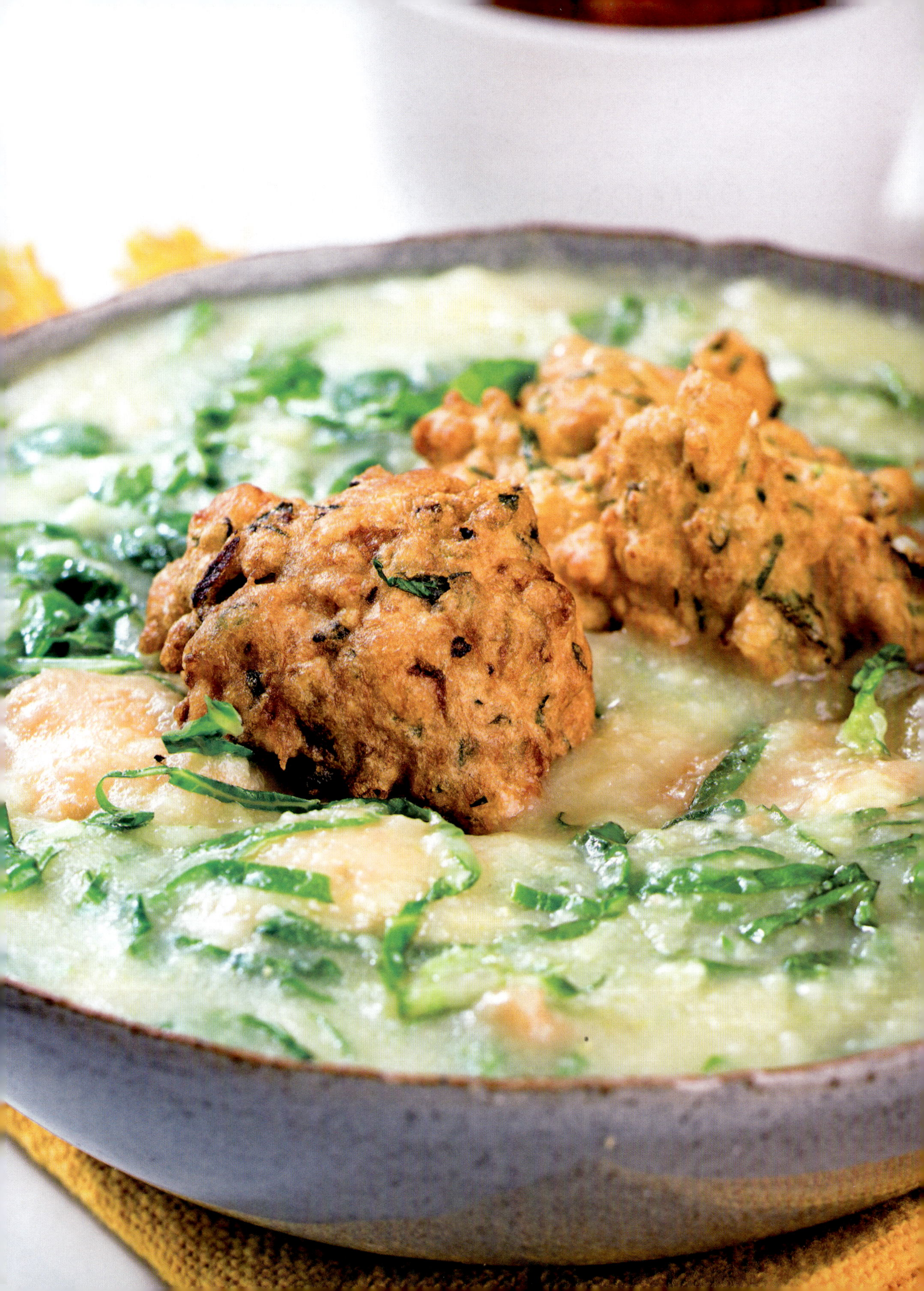

PAMONHA COM QUEIJO
PAMONHA WITH CHEESE

rendimento: **12 unidades**
tempo de preparo: **1h30**

makes: **12 units**
ready in: **90 minutes**

ingredientes

- 10 espigas de milho verde com as palhas
- 10 tiras de queijo coalho (ou queijo Minas padrão)
- 200 ml de óleo
- 1 colher de sopa de sal
- 1 pitada de açúcar

ingredients

- 10 ears green corn with husks
- 10 strips curd cheese (or Minas cheese)
- 200 ml oil
- 1 tablespoon salt
- 1 pinch sugar

modo de preparo

1. Descasque o milho verde com cuidado. Separe as palhas boas, maiores e limpas, que serão usadas para amarrar as pamonhas. **2.** Rale as espigas em um ralador ou, se preferir, corte os grãos com uma faca e bata no liquidificador com meio copo de água para chegar ao mesmo efeito de milho ralado. **3.** Coe a massa em uma peneira grossa. 4 Em uma panela, aqueça o óleo e acrescente à massa, juntamente com o sal e o açúcar. **5.** Escolha as palhas mais bonitas e dobre-as, formando um copinho em torno de uma das mãos. **6.** Encha o copinho de palha com a massa até ¾ do total. Acrescente o queijo. **7.** Com outra palha, envolva o copinho, fechando-o totalmente. **8.** Utilize um barbante para amarrar a pamonha ao meio, apertando bem, mas cuidado para não estourar. **9.** Coloque as pamonhas em água fervente por cerca de 40 minutos, até que fiquem firmes. **10.** Sirva com pimenta ou molho de pimenta para dar mais sabor.

directions

1. Peel the green corn carefully. Separate the good, large and clean leaves; they will be used to tie the pamonhas. **2.** Grate the corn in a grater or, if you prefer, thresh the corn with a knife and blend it in the blender with half a cup of water to achieve the same effect as grated corn. **3.** Strain the dough into a large sieve. **4.** In a saucepan, heat the oil and add to the dough, along with salt and sugar. **5.** Choose the most beautiful husks and fold them into a cup around one hand. **6.** Fill the husks with the dough to ¾ of the total. Add cheese. **7.** With another husk, wrap the cup, closing it completely. **8.** Use a string to tie the pamonha in half, tightening, but be careful not to burst it. **9.** Place the pamonha in boiling water or about 40 minutes, until they are firm. **10.** Serve with pepper or pepper sauce to give more flavor.

💡 *Para formar o copinho, leve a ponta esquerda da palha até o lado direito e a ponta direita até o lado esquerdo, uma por cima da outra, sobre a ponta de baixo para cima, mais ou menos até o meio.*

To to make the cup, take the left-hand tip of the husks to the right side and the right end to the left side, one above the other, over the tip from the bottom up, about the middle.

BOLINHO DE MILHO VERDE
GREEN CORN SCONE

rendimento: **20 unidades** | makes: **20 units**
tempo de preparo: **50 minutos** | ready in: **50 minutes**

ingredientes

- 12 espigas de milho verde fresco
- 2 xícaras (chá) de leite
- 1 colher (sobremesa) de sal
- 1 xícara (chá) de fubá
- 1 pimenta dedo-de-moça picada
- 2 ovos caipiras
- 2 xícaras (chá) de queijo Serra da Canastra ralado
- ½ maço de salsinha picada
- 1 xícara (chá) de amido de milho para empanar
- 1 litro de óleo de milho

ingredients

- 12 ears of fresh green corn
- 2 cups milk
- 1 tablespoon salt
- 1 cup fubá (cornmeal)
- 1 dedo-de-moça pepper, chopped
- 2 natural eggs
- 2 cups Serra da Canastra cheese, grated
- ½ bunch chopped parsley
- 1 cup maize starch to coat
- 4 cups corn oil

modo de preparo

1. Cozinhe seis espigas de milho em água até que fiquem macias. *2.* Retire as espigas e corte os grãos de milho. Reserve. *3.* Limpe as seis espigas restantes e retire os grãos crus. *4.* No liquidificador, coloque os grãos de milho crus e o leite e bata até ficar cremoso. *5.* Passe a mistura em uma peneira e leve o caldo para uma panela, cozinhando em fogo médio por 20 minutos. Quando engrossar e a cor ficar mais amarela, adicione o fubá e os grãos de milho cozidos. *6.* Adicione a salsinha, o sal e a pimenta. Misture e corrija os temperos (se for necessário). *7.* Deixe esfriar, adicione o queijo ralado e os ovos. *8.* Modele, empane no amido de milho e leve para a geladeira até ficar firme. *9.* Aqueça o óleo em uma panela e, quando estiver quente, coloque os bolinhos. *10.* Frite dos dois lados e disponha em um prato com papel toalha. Sirva em seguida com molho de pimenta.

directions

1. Boil six ears of corn until they get soft *2.* Remove the ears and cut the corn kernels. Set aside. *3.* Clean the remaining six ears of corn and remove the uncooked grains. *4.* In a blender, combine uncooked corn kernels with the milk and blend it until creamy. *5.* Pour the mixture into a sieve and bring it to a saucepan, cook in medium heat for 20 minutes. When the broth thickens and the color becomes more yellow, add corn meal and cooked the corn kernels. *6.* Add the parsley, salt and the pepper. Mix and correct the seasonings (if necessary). *7.* Let cool, add the grated cheese and eggs. *8.* Model, grease it in the cornstarch and put into refrigerator until firm. *9.* Heat the oil in a frying pan and, when it is hot, put the scones. *10.* Fry on both sides and arrange on a plate with paper towel. Serve with pepper sauce.

> 💡 *Na hora de fritar, coloque poucos bolinhos de cada vez na panela para evitar que grudem uns nos outros. Para uma apresentação mais bonita, use um pedaço de folha de bananeira sob os bolinhos, como na foto, ou uma folha de couve.*
>
> When frying, put a few scones at a time in the frying pan to prevent them from sticking to each other. For a more beautiful presentation, use a piece of banana leaf or a leaf of kale under the scones, as in the photo.

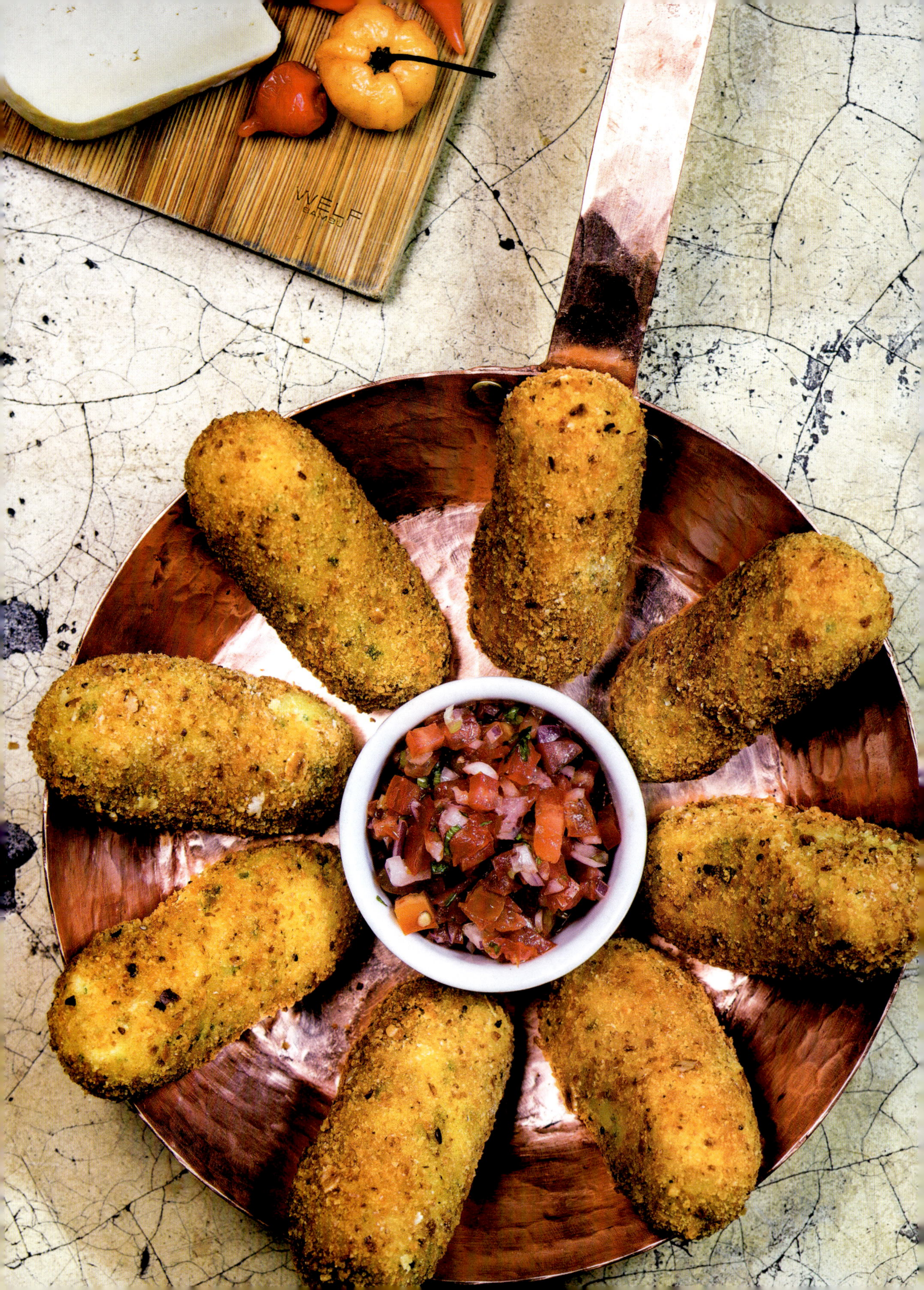
WELF
BAMBU

BOLINHO DE QUEIJO
CHEESE SCONE

rendimento: **20 unidades** makes: **20 units**
tempo de preparo: **30 minutos** ready in: **30 minutes**

ingredientes

- 500 g de mandioca cozida em purê bem seco
- 300 g de queijo Serra da Canastra curado e ralado
- 3 ovos caipiras
- 1 pimenta dedo-de-moça sem semente picada
- ½ maço de salsinha picada
- ½ maço de cebolinha picada
- 2 xícaras (chá) de amido de milho para empanar
- 1 litro de óleo de milho
- Sal a gosto

ingredients

- 500 g of manioc cooked in a very dry puree
- 300 g of Serra da Canastra cheese, cured and grated
- 3 eggs
- 1 dedo-de-moça pepper, without seeds and chopped
- ½ bunch chopped parsley
- ½ bunch chopped chives
- 2 cups corn starch, to coat
- 4 cups corn oil
- Salt to taste

modo de preparo

1. Em uma vasilha coloque o purê de mandioca, o queijo, a salsinha, a cebolinha, o sal e a pimenta e corrija o tempero (se necessário).
2. Adicione os ovos e sove bem a massa.
3. Molde e empane com amido de milho.
4. Frite em óleo quente até dourar e sirva em seguida.

directions

1. In a bowl, put the manioc puree, cheese, parsley, chives, salt and pepper. Correct the seasoning (if necessary)
2. Add eggs and knead dough well
3. Mold and coat with with corn starch
4. Fry in hot oil until golden brown and serve

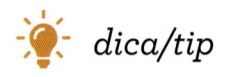

dica/tip

Os bolinhos podem ser preparados com antecedência e congelados - para isso, coloque-os lado a lado em saco plástico e leve ao freezer. Quando for prepará-los, coloque em óleo quente (mas não muito) e deixe dourar. Sirva acompanhado de vinagrete com tomate, cebola e salsinha picada.

Scones can be prepared in advance and frozen - for this, place them side by side in plastic bag and take to the freezer. When you prepare them, put in hot (but not too much) oil and let it brown. Serve with vinaigrette: tomato, onion and chopped parsley

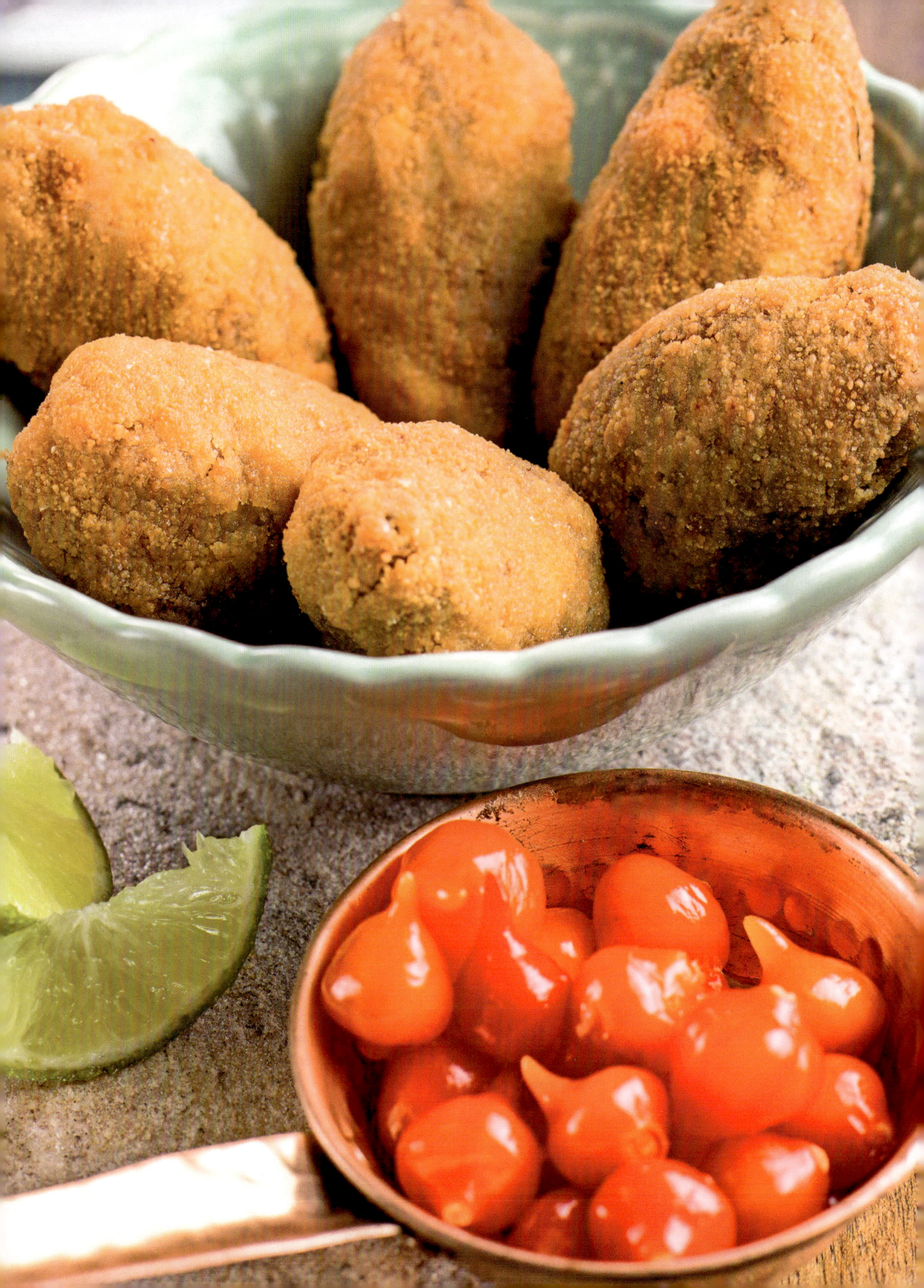

TROPEIRO DE FESTA
PARTY TROPEIRO

rendimento: **20 unidades**
tempo de preparo: **1h30**

makes: **20 units**
ready in: **90 minutes**

ingredientes

- 500 g de feijão carioca ou roxinho • 200 g de farinha de mandioca • 200 g de toucinho de porco ou bacon • 1 concha de gordura de porco (ou óleo de canola ou milho) • 1 colher (sopa) de sal com alho • 1 cebola média em cubos • 4 dentes de alho picados • Cheiro-verde a gosto • Pimenta a gosto • Couve cortada bem fininha • 1 litro de óleo para fritar • Ovo e farinha de rosca para empanar

ingredients

- 500 g of kidney or pinto beans • 200 g cassava flour • 200 g bacon • 1 cup pork fat (or canola or corn oil) • 1 tablespoon salt with garlic • 1 medium diced onion • 4 cloves garlic, chopped • Parsley and chive to taste • Pepper to taste • Kale, finely chopped • 4 cups oil, for frying • Egg and breadcrumbs to coat

modo de preparo

1. Cozinhe o feijão e reserve. *2.* Frite o bacon e reserve *3.* Na mesma panela em que fritou o bacon, acrescente a gordura de porco, o alho, a cebola, o sal e a pimenta. *4.* Refogue o feijão, deixando ferver por cerca de 5 minutos. *5.* Acrescente a farinha de mandioca aos poucos. Depois de pronto, coloque o bacon e o cheiro-verde. *6.* Deixe esfriar e forme bolinhos, colocando a couve refogada no meio. *7.* Empane com ovo e farinha de rosca. *8.* Frite em óleo bem quente e sirva em seguida.

directions

1. Cook the beans and set aside *2.* Fry the bacon and set aside *3.* In the same pan where you fried the bacon, add the pork fat, garlic, onion, salt and pepper *4.* Braise the beans, boiling for about 5 minutes *5.* Add the cassava flour gradually. When ready, combine bacon, parsley and chives *6.* Let cool and mold scones, and put the braised kale in the middle. *7.* Coat with egg and flour. *8.* Fry in very hot oil and serve immediately

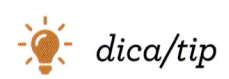

dica/tip

Frite algumas fatias de bacon até que fiquem bem crocantes. Deixe esfriar e amasse bem o bacon frito em um pilão, até que fique um pó. Depois misture esse pó com a farinha de rosca usada para empanar os bolinhos - isso dará um toque especial à receita.

Fry a few slices of bacon until crisp. Let cool and smash the fried bacon in a pestle until just powder is left. Then mix this powder with the breadcrumbs used to dip the scones - this will add a special touch to the recipe.

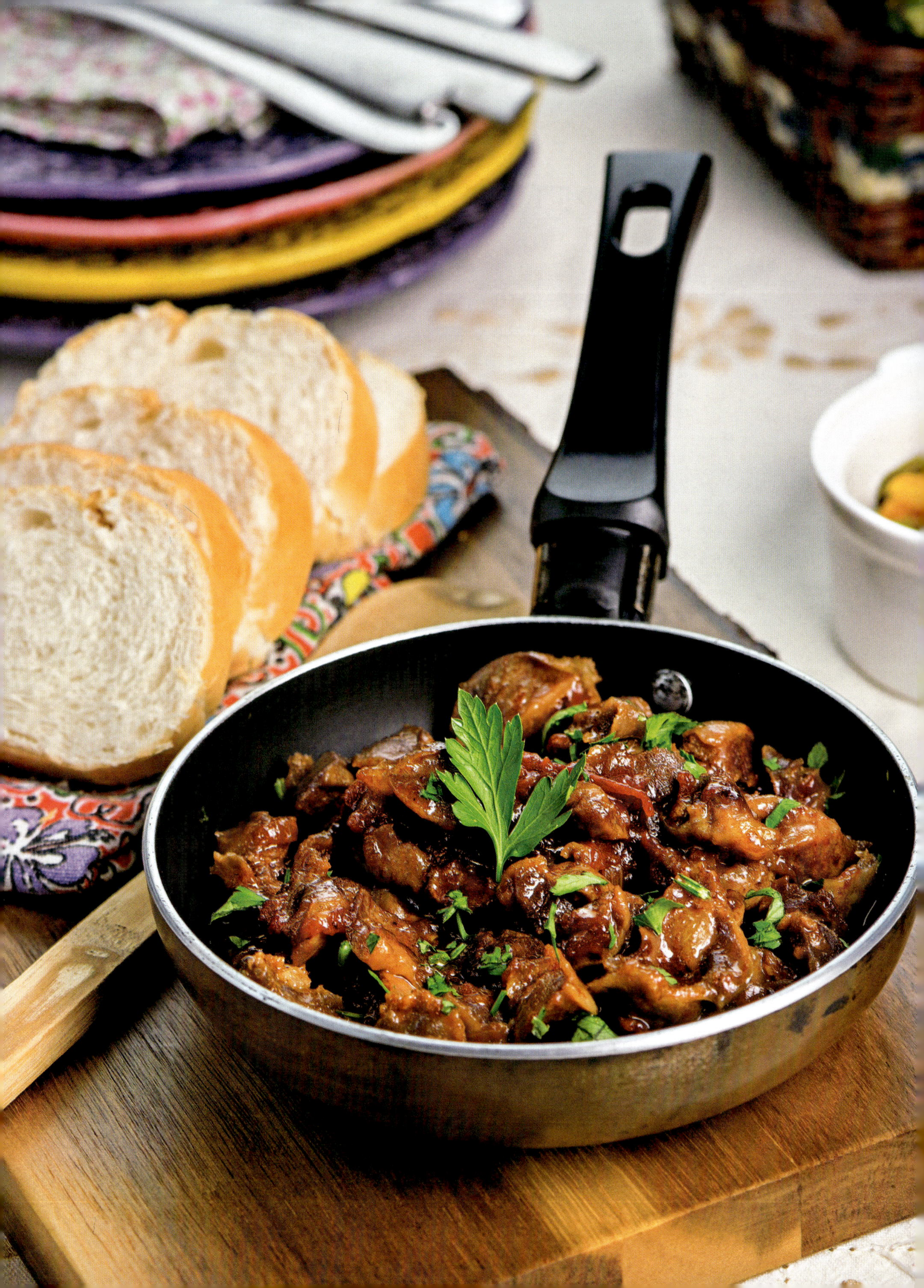

MOELA APERITIVO
GIZZARD APPETIZER

rendimento: **6 porções**
tempo de preparo: **35 minutos**

makes: **6 portions**
ready in: **35 minutes**

ingredientes

- 1 quilo de moela de frango
- 1 lata de cerveja preta
- 200 ml de água
- 1 cebola picada
- 3 dentes de alho amassados
- 1 tablete de caldo de carne
- ½ colher de colorau
- 2 colheres de óleo de soja
- 3 tomates picados
- Sal
- Pimenta-de-cheiro
- Cheiro-verde a gosto

modo de preparo

1. Pique as moelas limpas em pedaços pequenos.
2. Em uma panela de pressão, aqueça o óleo e doure a cebola e o alho. Acrescente o colorau e o sal. **3.** Junte a moela, os tomates picados e o caldo de carne. Refogue bem. **4.** Acrescente a água e a cerveja preta. **5.** Cozinhe na panela de pressão por 30 minutos. **6.** Abra a panela e deixe ferver para apurar por mais 10 minutos.
7. Salpique o cheiro-verde e a pimenta-de-cheiro.
8. Sirva acompanhado por fatias de pão.

ingredients

- 1 kilogram chicken gizzard
- 1 can stout beer
- 200 ml water
- 1 chopped onion
- 3 cloves garlic, crushed
- 1 beef stock cube
- ½ teaspoon paprika
- 2 tablespoons of soybean oil
- 3 chopped tomatoes
- Salt
- Pimenta-de-cheiro pepper
- Chive and Parsley to taste

directions

1. Chop the cleaned gizzards into small pieces **2.** In a pressure cooker, heat the oil and brown the onion and garlic. Add paprika and salt **3.** Add the gizzard, the chopped tomatoes and the beef stock. Sauté well **4.** Add water and stout beer **5.** Cook in the pressure cooker for 30 minutes **6.** Open the pan and bring to the boil for 10 minutes **7.** Sprinkle parsley, chives and pepper **8.** Serve with sliced bread

dica/tip

Antes de refogar a moela, retire com uma faca bem afiada a parte amarelada que aparece em algumas peças. Raspe as moelas e escalde com uma mistura de água fervente e vinagre. Escorra e lave em água corrente.

Before braising the gizzard, remove with a very sharp knife the yellowish color that appears in some parts. Scratch the gizzards and scald with a mixture of boiling water and vinegar. Drain and wash in running water

coleção tempero brasileiro — culinária mineira

PASTELZINHO DE QUEIJO CANASTRA

CANASTRA CHEESE FRIED PIE

rendimento: **30 unidades**
tempo de preparo: **35 minutos**

makes: **30 units**
ready in: **35 minutes**

ingredientes

- 3 xícaras de farinha de trigo
- 400 ml de água
- 2 colheres sopa de óleo
- 1 colher sopa de sal
- 50 ml de cachaça
- 200 g de queijo canastra cortado em tiras

modo de preparo

1. Misture bem a farinha com o sal. ***2.*** Coloque a farinha sobre uma superfície lisa, abrindo um buraco no meio. Aos poucos, acrescente a água, incorporando-a à farinha com as mãos. Adicione as colheres de óleo. ***3.*** Acrescente a cachaça e continue misturando bem a massa. ***4.*** Sove a massa, polvilhando farinha até que fique homogênea e pare de grudar nas mãos. ***5.*** Deixe a massa descansar por 15 minutos coberta com pano úmido ou plástico filme. ***6.*** Abra a massa até a espessura mais fina que conseguir, sem que ela quebre. ***7.*** Utilize um aro de 10 cm para cortar os discos de massa. ***8.*** Recheie a massa com pedaços de queijo, ocupando no máximo metade do espaço. Dobre a massa e feche as bordas com a ajuda de um garfo. ***9.*** Depois de montar os pastéis, leve o quanto antes ao óleo quente para fritar.

ingredients

- 3 cups wheat flour
- 400 ml water
- 2 tablespoons oil
- 1 tablespoon salt
- 50 ml of cachaça
- 200 g Canastra cheese cut into strips

directions

1. Mix the flour with the salt. ***2.*** Place the flour on a smooth surface, and open a hole in the middle. Gradually add the water, incorporating it to the flour with the hands. Add the oil. ***3.*** Add the cachaça and continue stirring the dough well. ***4.*** Knead the dough, sprinkling flour until it gets homogeneous and stop clutching in your hands. ***5.*** Let dough rest for 15 minutes covered with wet cloth or plastic film. ***6.*** Open the dough to the thinnest thickness you can achieve without breaking. ***7.*** Use a 10cm mold ring to cut the dough in disks. ***8.*** Fill half side of the dough with pieces of cheese. Fold the dough and close the edges using a fork. ***9.*** After preparing the pie, fry in hot oil.

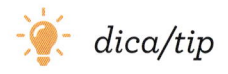

---

dica/tip

Com um sabor único: forte, meio picante, denso e encorpado, o queijo Canastra também é uma ótima combinação com geleias doces. Para esta receita, experimente servir os pasteis com geleia de laranja ou pimenta.

With a unique flavor: strong, medium spicy, dense and full-bodied, Canastra cheese is also a great combination with sweet jellies. For this recipe, try serving the pie with orange or pepper jelly.

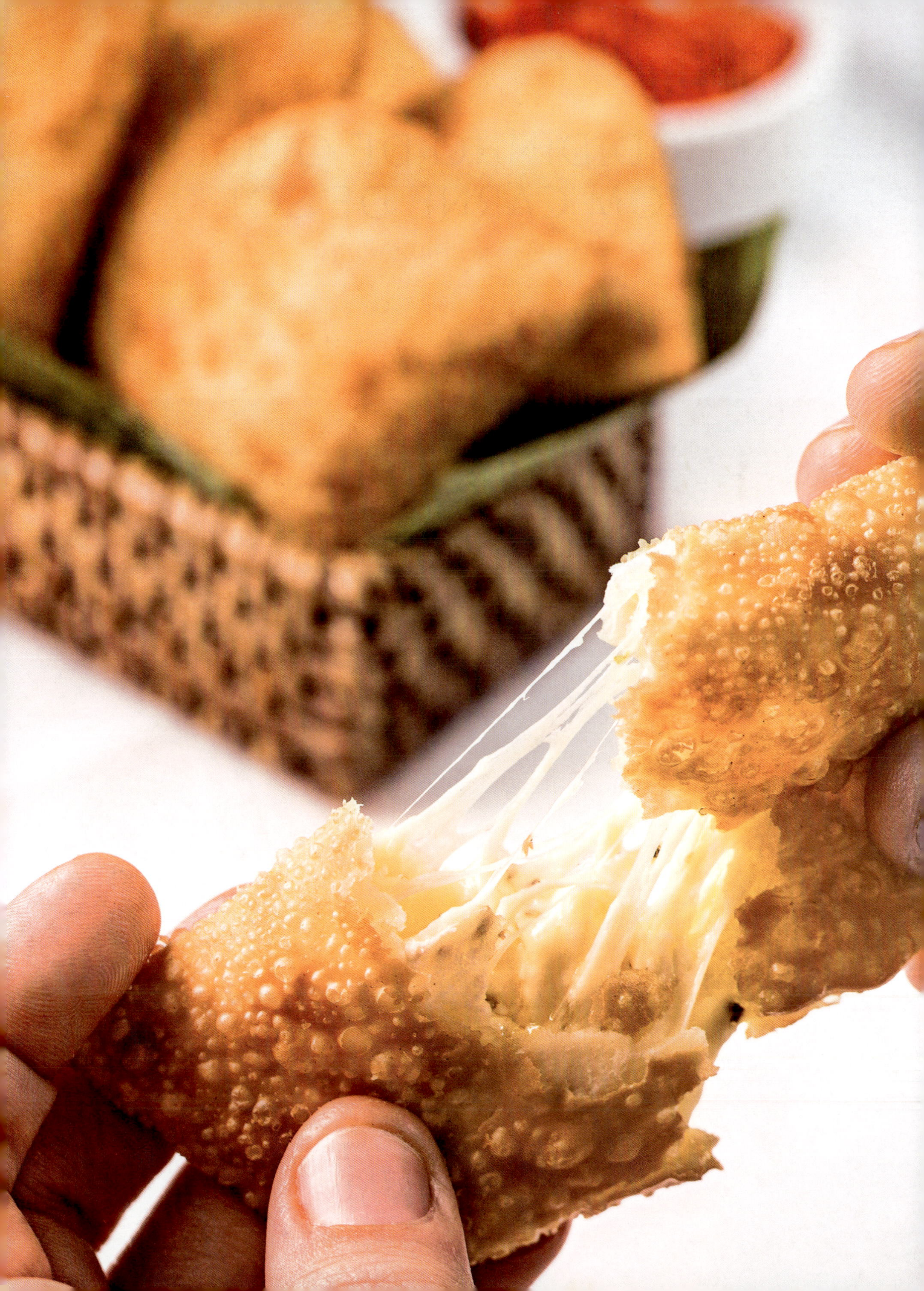

ISCUNDIDINHO DE QUIBEBE COM CARNE DE SOL

PUMPKIN ISCUNDIDINHO

rendimento: **8 porções**　　makes: **8 portions**
tempo de preparo: **40 minutos**　　ready in: **40 minutes**

Troque o purê de abóbora por purê de mandioca, mandioquinha ou batata, se preferir. E também é possível variar no recheio: peito de frango desfiado, refogado com cebola e cheiro verde é uma opção mais leve.

Change the pumpkin puree for mashed manioc, parsnips or potato, if you prefer. And it is also possible to change in the filling: shredded chicken breast, sautéed with onion, parsley and chives is a lighter option.

ingredientes

Quibebe: • 2 colheres (sopa) de azeite • 2 kg de abóbora-amarela • 2 dentes de alho • 1 colher (chá) de açúcar mascavo • 1 colher (sobremesa) de caldo de legumes *Carne de sol:* • ½ kg de carne de sol • 2 colheres (sopa) de manteiga • 1 cebola grande picada • 100g de requeijão • 1 tomate sem pele cortado em cubos *Iscundidinho:* • 100 g de queijo parmesão ralado

modo de preparo

Quibebe:
1. Descasque a abóbora e tire as sementes. **2.** Lave-a e corte-a em pedaços. **3.** Coloque em uma panela para cozinhar com um pouco de água e sal. Depois de cozida, escorra bem a água e amasse até o ponto de purê.
4. Prepare um refogado com azeite de oliva, dois dentes de alho, açúcar mascavo e uma colher (sobremesa) de caldo de legumes e acrescente o purê da abóbora, deixando apurar por 20 minutos.

Carne de Sol:
1. Corte a carne em pedaços e cozinhe trocando a água por três vezes, até que o excesso de sal seja retirado.
2. Desfie a carne e reserve. **3.** Em uma panela, coloque a manteiga, a carne de sol, a cebola, o tomate e o requeijão e deixe apurar por 10 minutos. Reserve.

Montagem:
1. Em uma forma, disponha o quibebe e, por cima, distribua a carne de sol com o requeijão. Em seguida, coloque outra camada de quibebe e, por último, o queijo parmesão ralado. Leve ao forno para gratinar.

ingredients

Steamed pumpkin: • 2 tablespoons olive oil • 2 kg yellow pumpkin • 2 garlic cloves • 1 teaspoon brown sugar • 1 tablespoon vegetables broth *Jerked beef:* • ½ kg of meat • 2 tablespoons butter • 1 large chopped onion • 100g cream cheese • 1 tomato without skin and cut in cubes *Iscundidinho:* • 100g grated Parmesan cheese

directions

Steamed pumpkin: **1.** Peel the pumpkin and remove the seeds. **2.** Wash it and cut it into pieces. **3.** In a saucepan, cook the pumpkin with a little water and salt. After cooking, drain well and knead until it turns into a purée. **4.** In a saucepan, combine olive oil, two cloves of garlic, brown sugar and a teaspoon vegetable broth, then add the pumpkin puréee, letting it rest for 20 minutes.

Jerked beef: **1.** Cut the meat into pieces and cook. Replace the water three times, until the excess salt is removed. **2.** Shred the meat and set aside. **3.** In a pan, combine butter, jerked beef, onion, tomato and cream cheese. Let it rest for 10 minutes and set aside.

Finalization: **1.** In baking dish, lay half of the steamed pumpkin and, on top of it, distribute the jerked beef with cream cheese. Then place another layer of pumpkin and, finally, add the grated Parmesan. Bake until the cheese melts.

FÍGADO DE BOI COM JILÓ
BULL'S LIVER WITH JILÓ

rendimento: **4 porções**
tempo de preparo: **15 minutos**

makes: **4 portions**
ready in: **15 minutes**

ingredientes

- 400 g de fígado de boi
- 1 cebola
- 2 dentes de alho picados
- 5 jilós
- 3 colheres de cachaça
- Suco de ½ limão
- 2 colheres de sopa de óleo
- Sal e pimenta-do-reino
- Cheiro-verde picado a gosto

ingredients

- 400 g bull's liver
- 1 onion
- 2 garlic cloves, chopped
- 5 jilós
- 3 tablespoon cachaça
- Juice of ½ lemon
- 2 tablespoon oil
- Salt and pepper
- Parsley and chives

modo de preparo

1. Corte os bifes de fígado em tiras finas. Tempere com sal, pimenta-do-reino, alho e o suco de meio limão.

2. Aqueça o óleo em uma frigideira. Coloque o fígado e deixe fritar – sem mexer muito para não formar água e endurecer a carne.

3. Quando o fígado estiver frito, acrescente a cebola cortada em rodelas, os jilós cortados em quatro e a cachaça. Deixe secar.

4. Polvilhe com o cheiro-verde e pimenta picada. Sirva com fatias de pão.

directions

1. Cut the bull´s liver in thin strips. Season with salt, pepper, garlic and lemon

2. Heat the oil in a frying pan. Fry the liver - do not stir much or it will lose water, hardening the meat.

3. When the liver is fried, add the chopped onion, the jilós cut in four and the cachaça. Let it dry.

4. Sprinkle with parsley, chives and chopped pepper. Serve with bread slices.

dica/tip

Para fazer um molho e dar mais charme ao prato, quando fritar o fígado, salpique uma colher de farinha de trigo e mexa bem. Depois siga as orientações da receita normalmente.

To make a sauce and give more charm to the dish, when frying the liver, sprinkle a tablespoon of wheat flour and stir well. Then follow the recipe guidelines normally.

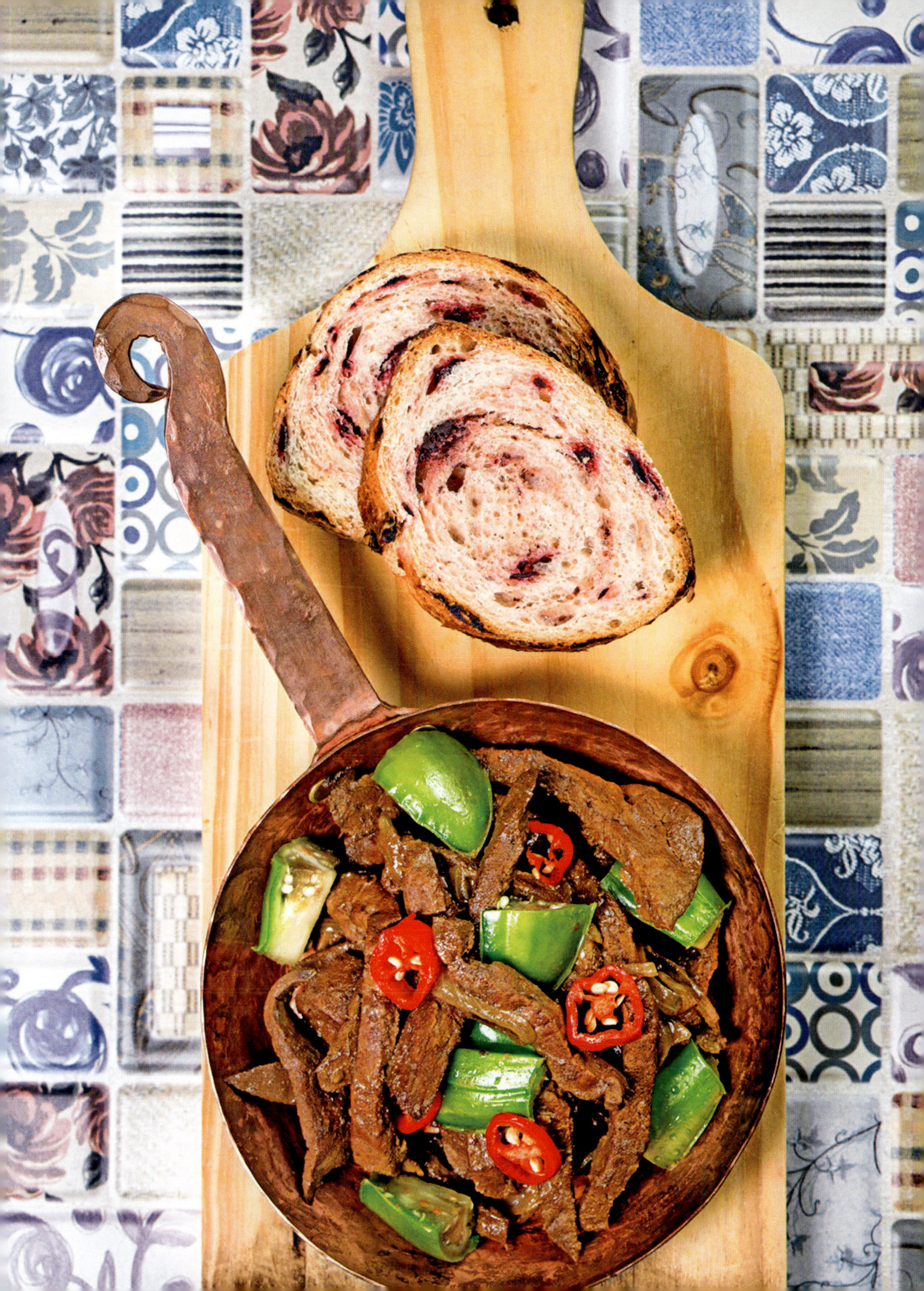

CONSERVA DE PIMENTA-DE-CHEIRO

PRESERVED PIMENTA-DE-CHEIRO (PEPPERCORNS)

rendimento: **1 pote grande** makes: **1 large container**
tempo de preparo: **15 minutos** ready in: **15 minutes**

ingredientes

- 300 g de pimenta-de-cheiro higienizados
- 500 ml (ou 2 xícaras de chá) de azeite de oliva
- 1 cabeça de alho descascado e limpo
- 2 folhas de louro
- 1 colher (café) sal marinho
- 1 dose de cachaça
- 2 colheres (sopa) de vinagre branco

ingredients

- 300 g Pimenta-de-cheiro
- 2 cups olive oil
- 1 bulb of peeled and cleaned garlic
- 2 bay leaves
- 1 teaspoon salt
- 1 shot of cachaça
- 2 tablespoon white vinegar

modo de preparo

1. Limpe as pimentas, retire os cabos e corte-as ao meio. **2.** Num pote de vidro hermético, coloque água quente e deixe por 15 minutos. Em seguida, retire a água e deixe esfriar. **3.** Disponha as pimentas, o alho e o louro no pote. **4.** Adicione a dose de cachaça, o vinagre e o sal. **5.** Aqueça o azeite de oliva, coloque sobre as pimentas e feche o pote. **6.** Deixe em lugar fresco, por uma semana, para apurar bem.

directions

1. Clean the pepper, remove the cord and cut them in two pieces **2.** In a glass food storage, put hot water and leave it for 15 minutes. Then, remove the water and allow it to cool **3.** Put the pepper, garlic, bay in the food storage **4.** Add cachaça, vinegar and salt **5.** Heat the olive oil, put it over the pepper and close the food storage. **6.** Leave it in a fresh place for a week, to better develop the flavors

dica/tip

Para fazer uma versão da conserva mais leve e menos ardida, no lugar de azeite, você pode usar suco de limão-cravo. Para isso, esprema o limão, coe e ferva até reduzir pela metade.

You can make a soft and less burnt version adding Rangpur lime juice instead of the olive oil. Make the juice, strain and boil until it reduces by half.

PÃO DE QUEIJO COM POLVILHO DOCE

PÃO DE QUEIJO WITH SWEET MANIOC STARCH

rendimento: **20 unidades**
tempo de preparo: **30 minutos**

makes: **20 units**
ready in: **30 minutes**

ingredientes

- 4 xícaras (chá) de polvilho doce
- 2 xícaras (chá) de queijo da Serra da Canastra ralado grosso
- 2 ¼ xícaras (chá) de leite
- ½ xícara (chá) de óleo
- 1 colher (sopa) rasa de sal
- 3 ovos

ingredients

- 4 cups polvilho doce (sweet manioc starch)
- 2 cups Serra da Canastra Cheese, roughly grated
- 2 ¼ cups milk
- ½ cup vegetable oil
- 1 teaspoon salt
- 3 eggs

modo de preparo

1. Ferva o leite com óleo e sal. Despeje sobre o polvilho e mexa com uma colher até dissolver os pedaços e formar uma massa úmida.

2. Sem parar de sovar, acrescente um ovo e espere incorporar à massa. Repita a operação, sempre adicionando um ovo por vez.

3. Quando a massa estiver homogênea e fria, junte o queijo e sove bem.

4. Faça bolinhas e arrume na assadeira deixando espaço entre elas.

5. Asse em forno pré-aquecido entre 180 e 200º C (temperatura média alta), até o lado inferior dos pães ficar dourado. Sirva em seguida.

directions

1. Boil the milk, oil and salt. Pour over the sweet manioc starch and, with a spoon, stir in until the pieces dissolve and form a moist dough **2.** Do not stop mixing the dough. Beat the eggs into the dough one at a time, waiting until the first egg is fully incorporated before adding the second. **3.** When the dough is homogeneous and cold, add the cheese and finish it by hand. **4.** Drop rounded balls of the mixture onto an ungreased baking sheet, spacing them apart. **5.** Bake in preheated oven, 180ºC and 200ºC (medium-high temperature) until the bottom is lightly browned. Serve it warm.

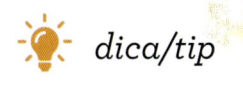

dica/tip

Use uma colher para medir o tamanho dos pães: isso vai ajudar a fazer todos com tamanhos parecidos. Além disso, deixe o pão de queijo mais crocante polvilhando, antes de assar, queijo parmesão sobre os pãezinhos

Use a spoon to mold the pão de queijo, this will help to make all of them in the same size. Besides, the bread will be crunchier if you put Parmesan cheese on it before bake.

BISCOITÃO DE POLVILHO

BIG MANIOC FLOUR BISCUIT

rendimento: **25 unidades**
tempo de preparo: **35 minutos**

makes: **25 units**
ready in: **35 minutes**

ingredientes

- 1 kg de polvilho azedo
- 2 xícaras (chá) de farinha de milho
- 4 xícaras (chá) de leite
- 1 xícara (chá) de óleo
- 1 colher (sobremesa) de sal marinho
- 4 ovos caipiras

ingredients

- 1 kilogram manioc flour
- 2 cups corn flour
- 4 cups milk
- 1 cup vegetable oil
- 1 teaspoon salt
- 4 eggs

modo de preparo

1. Pré aqueça o forno a 200ºC.

2. Em uma panela, coloque a farinha de milho, o óleo e as xícaras de leite e cozinhe em fogo brando, mexendo sempre. Quando a farinha dissolver e ficar em textura de purê, deixe esfriar.

3. Esfarele essa mistura no polvilho azedo, dissolvendo bem até a massa ficar fininha.

4. Adicione os ovos e o sal e incorpore bem.

5. Sove a massa até que ela fique homogênea.

6. Modele em formato de um palito grosso e torça.

7. Asse por 20 minutos, até que cresça e doure, e sirva em seguida.

directions

1. Preheat the oven to 200ºC.

2. In a saucepan, mix the corn flour, oil, 2 cups milk and cook it, in low heat, stirring constantly. When the flour dissolves and becomes a purée, set aside to cool

3. Crumble this mixture on the manioc flour, dissolve until the dough gets thin

4. Add eggs, salt and mix until fully incorporated

5. Shape into a thick sticky and twist

6. Bake it for 20 minutes, until it puffs up and turns golden brown.

POLENTA FRITA

FRIED CORNMEAL

rendimento: **2 porções** makes: **2 portions**
tempo de preparo: **1h15** ready in: **1h15**

ingredientes

- 1 colher (sopa) de manteiga
- 1 colher (chá) de alho picado
- 6 xícaras (chá) de água
- 1 xícara (chá) de fubá
- Sal e pimenta-do-reino moída a gosto
- Queijo parmesão ralado
- 1 litro de óleo para fritar

ingredients

- 1 tablespoon butter
- 1 teaspoon chopped garlic
- 6 cups water
- 1 cup cornmeal
- Salt and ground black pepper to taste
- Grated Parmesan cheese
- 4 cups oil

modo de preparo

1. Em uma panela, coloque a manteiga, o alho picado e refogue em fogo baixo. Acrescente a água e deixe ferver. Acrescente o fubá, mexendo sempre para não empelotar.
2. Continue cozinhando em fogo baixo, mexendo sem parar por cerca de 50 minutos – até que a polenta esteja bem firme.
3. Tempere com sal e pimenta-do-reino a gosto.
4. Despeje em uma assadeira e cubra com papel alumínio. Quando esfriar, leve à geladeira por cerca de 3 horas.
5. Corte a polenta em palitos de 2 cm de largura por 8 de comprimento e frite em óleo quente até ficar crocante. Salpique com o parmesão antes de servir.

directions

1. In a saucepan, mix the butter, chopped garlic and cook over low heat. Add water and bring to a boil. Add the cornmeal, always stirring to dissolve it well.
2. Continue to cook over low heat, stirring constantly for about 50 minutes - until the dough is firm.
3. Season with salt and pepper.
4. Pour into a baking dish and cover with foil. When cool, refrigerate for about 3 hours.
5. Cut the dough into sticks of 2 cm wide and 8 cm length and fry in hot oil until crispy. Sprinkle with Parmesan cheese before serving.

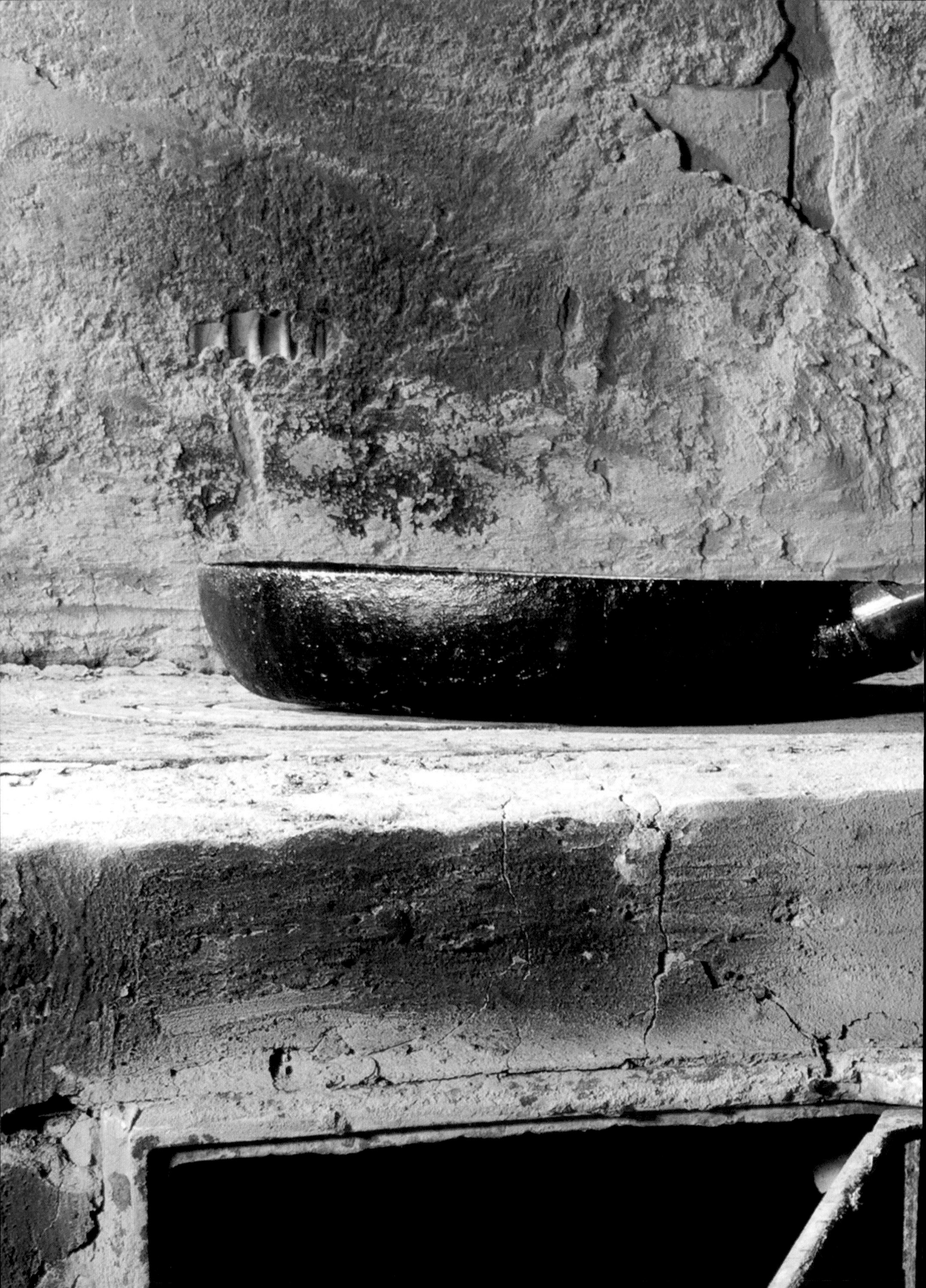

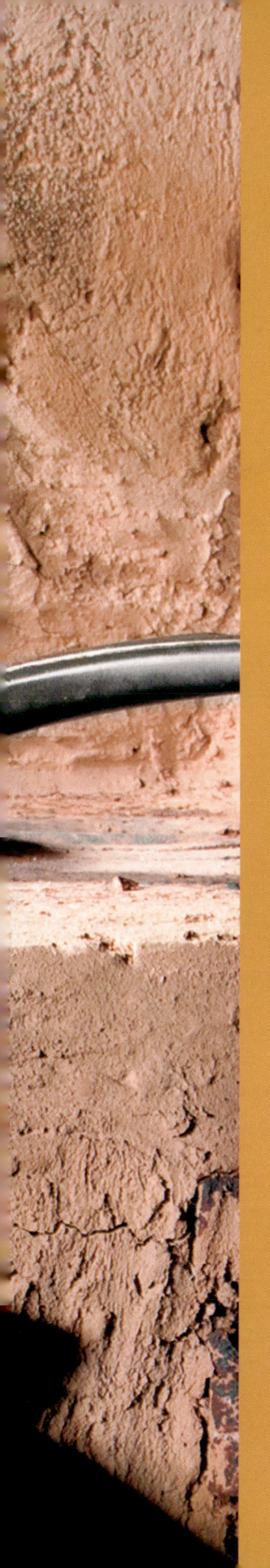

Receitas *para acompanhar com estilo*

SIDE DISHES THAT SHOULDN'T BE PUT ASIDE

Um acompanhamento tem uma missão especial: realçar o sabor de um prato. Mas não pense que eles são meros coadjuvantes, ao contrário, são essenciais. Afinal, o que seria de uma boa feijoada sem a couve e a farofa?

A side order has a special mission: to enhance the flavor of a dish. But do not think that they are merely a supporting act, quite the opposite: they are essential. After all, what would be a good feijoada without the kale and farofa?

COUVE À MINEIRA
MINAS STYLE KALE

rendimento: **6 porções**
tempo de preparo: **15 minutos**

makes: **6 portions**
ready in: **15 minutes**

ingredientes

- 1 maço de couve-manteiga
- 4 dentes de alho amassados
- 1 cebola picadinha
- Sal e pimenta a gosto
- 3 colheres (sopa) de azeite

ingredients

- 1 bunch of kale
- 4 cloves of crushed garlic
- 1 onion finely chopped
- Salt and pepper to taste
- 3 tablespoons olive oil

modo de preparo

1. Lave a couve e tire os talos.
2. Junte as folhas e faça um rolinho, apertando bem. Corte em tirinhas bem finas.
3. Em uma panela grande coloque o azeite e doure a cebola e o alho. Junte a couve e mexa um pouco. Tempere com sal e pimenta e abafe por alguns segundos.
4. Quando secar, desligue o fogo e polvilhe alho frito picadinho.

directions

1. Wash the kale and remove the stalks.
2. Gather the leaves together and make a roll, tightening it. Cut into thin strips.
3. In a large saucepan place the olive oil and brown the onion and garlic. Add the kale and stir slightly. Season with salt and pepper and bake for a few seconds.
4. Once it's dry, turn off the heat and sprinkle the finely chopped garlic.

dica/tip

Para dar mais sabor à couve, frite bacon picadinho e reserve, refogue a couve no óleo do bacon e junte o bacon ao final

To give more flavor to the kale, fry finely chopped bacon and set aside. Saute the kale in the bacon oil and add the bacon to the end.

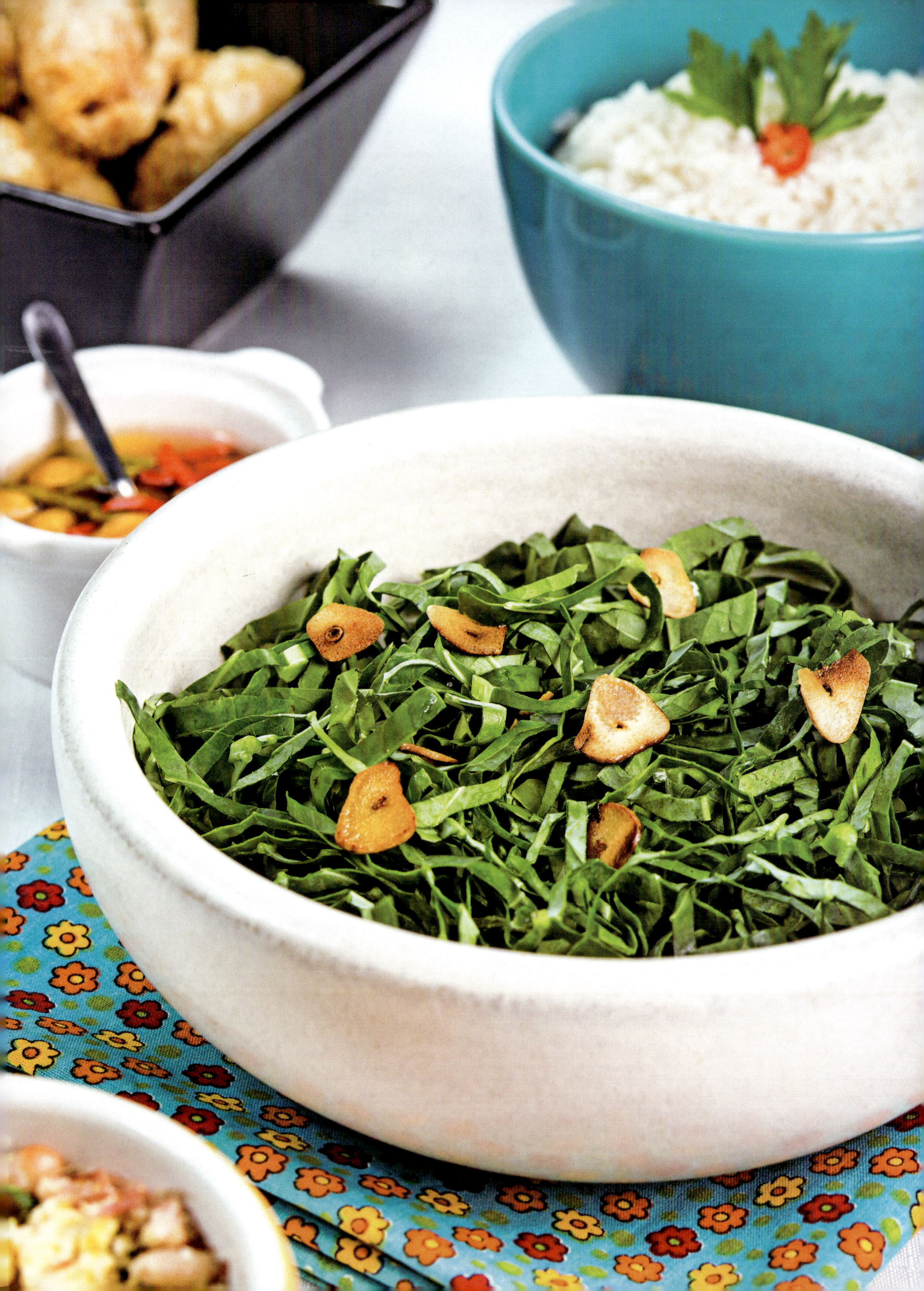

FEIJÃO TROPEIRO
TROPEIRO BEAN

rendimento: **6 porções** makes: **6 portions**
tempo de preparo: **15 minutos** ready in: **15 minutes**

ingredientes

- 500 g de feijão cozido roxinho ou carioca • 200 g de lombo • 200 g de torresmo • 200 g de linguiça • 100 g de bacon • 200 g de farinha de milho • 4 ovos
- 1 cebola cortada em cubinhos • 5 dentes de alho
- 3 folhas de couve cortada bem fina • Cheiro-verde
- Sal a gosto • 2 colheres (sopa) de óleo

ingredients

- 500 g cooked red or brown beans
- 200 g pork loin • 200 g crackling
- 200 g sausage • 100 g bacon • 200 g corn flour
- 4 eggs • 1 onion cut into cubes
- 5 cloves garlic • 3 kale leaves finely chopped • Parsley and chive • Salt to taste • 2 tablespoons oil

modo de preparo

1. Numa panela aquecida, coloque o bacon, a linguiça e o lombo cortado em cubinhos para refogar. Deixe dourar um pouco o fundo da panela. **2.** Abra um espaço no meio da panela e coloque o alho com óleo e, depois, o feijão com sal. Misture bem. **3.** Abra novamente um espaço na panela para colocar em seguida a cebola e os ovos já batidos. Misture bem. **4.** Acrescente a farinha de milho, a couve e o cheiro-verde. **5.** Sirva com torresmo frito (ver página 30).

directions

1. In a heated pan, place the bacon, sausage, and loin cut into cubes to sauté. Let the bottom of the pan brown slightly. **2.** Open a space in the middle of the pan and put the garlic with oil and then the beans with salt. Stir well. **3.** Re-open a space in the pan to then place the onion and eggs already beaten. Stir well. **4.** Add the cornstarch, kale, parsley and chives. **5.** Serve with fried ckrackling (see page 30).

dica/tip

Para o preparo do feijão, deixe-o de molho. O mais indicado é deixar durante a noite, por cerca de 12 horas antes do preparo no dia seguinte. Porém, manter o grão durante 1 hora apenas já faz o tempo de cozimento ser reduzido e o deixa mais leve para o consumo.

To prepare the beans, let it soak. The best way is to leave it to soak during the night, for about 12 hours before cooking. However, to soak the pulses for one hour is enough to reduce the cooking time and to make the beans easier to digest.

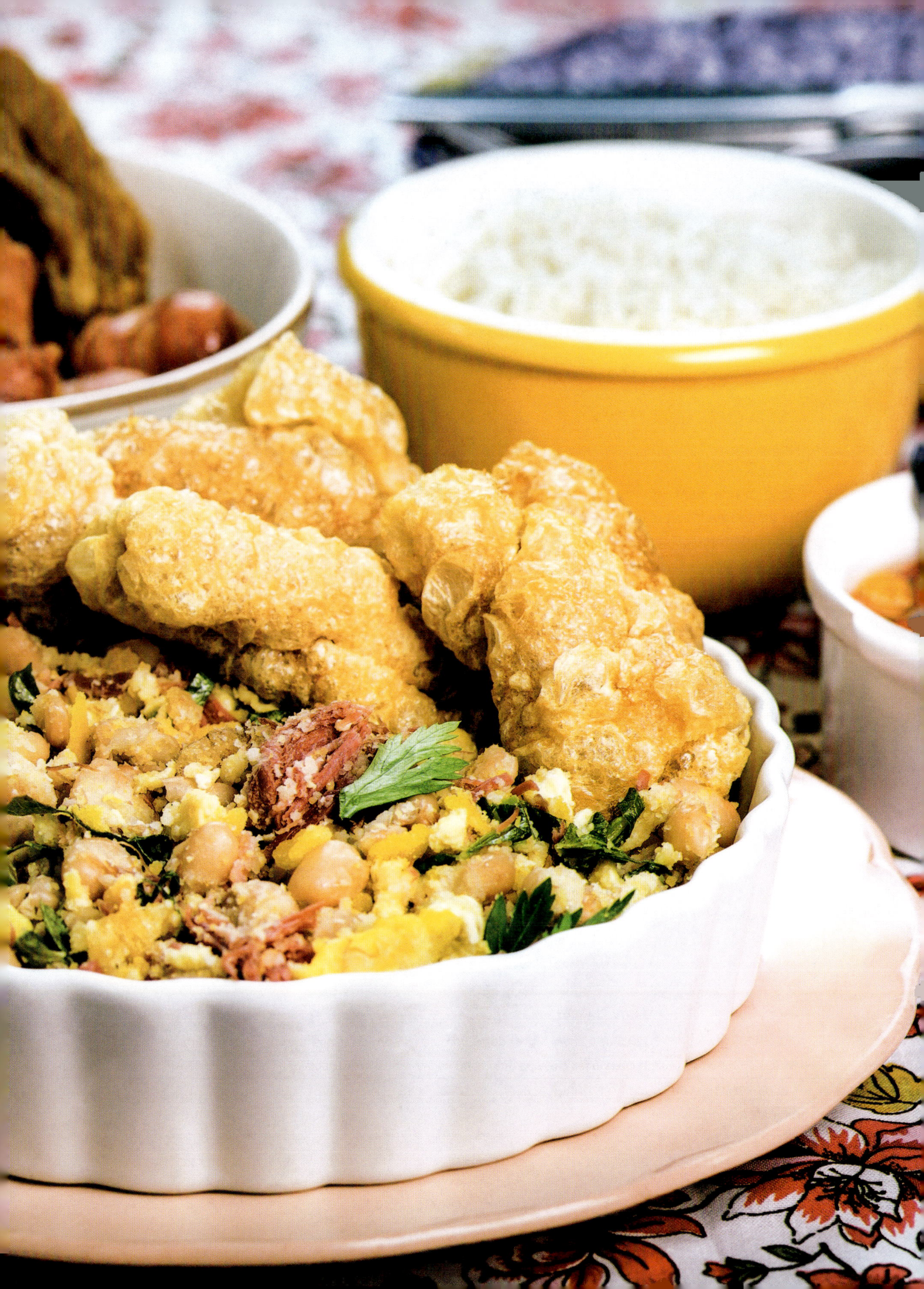

FAROFA DE OVO

EGG FAROFA

rendimento: **12 porções**
tempo de preparo: **15 minutos**

makes: **12 portions**
ready in: **15 minutes**

ingredientes

- 5 ovos
- ½ xícara de manteiga
- ½ kg de toucinho picado
- 400 g de linguiça calabresa picada
- 1 cebola picada
- 4 dentes de alho amassados
- 4 folhas de couve picadas bem finas
- 4 xícaras de farinha de milho em flocos
- 1 xícara de farinha de mandioca
- Cheiro-verde a gosto
- Sal a gosto

ingredients

- 5 eggs
- ½ cup butter
- ½ kg chopped bacon
- 400 g minced Calabrian sausage
- 1 chopped onion
- 4 cloves garlic, crushed
- 4 kale leaves finely chopped
- 4 cups flaked cornmeal
- 1 cup cassava flour
- Parsley and chives to taste
- Salt to taste

modo de preparo

1. Divida a manteiga em três partes. **2.** Em uma panela, coloque uma parte da manteiga e frite o toucinho. Reserve. **3.** Frite a linguiça em uma frigideira (sem adicionar óleo ou manteiga) e reserve. **4.** Coloque a segunda parte da manteiga na frigideira, acrescente a cebola e o alho. **5.** Na mesma panela, acrescente o toucinho, a linguiça, a couve e a farinha. **6.** Em uma frigideira, coloque a terceira parte da manteiga e adicione os ovos, mexendo sempre para que fique em pedaços, como se fossem ovos mexidos. **7.** Adicione os ovos à mistura de toucinho e linguiça, acerte o sal e adicione o cheiro-verde.

directions

1. Divide the butter into three portions. **2.** In a pan, put a part of the butter and fry the bacon. Set aside. **3.** Fry the sausage in a frying pan (without adding oil or butter) and set aside. **4.** Put the second part of the butter in the frying pan, add the onion and the garlic. **5.** In the same pan, add the bacon, sausage, kale and flour. **6.** In a frying pan, place the third part of the butter and add the eggs, stirring constantly to let it in pieces, as if they were scrambled eggs. **7.** Add the eggs to the bacon and sausage mixture, add salt, parsley and chives.

💡 *Tome cuidado ao torrar a farofa: se não mexer bem, ela pode queimar com facilidade, deixando um gosto amargo. E mais: o prato pode ficar ainda mais rico e saboroso se você acrescentar carne em cubos, como lombinho ou barriga de porco.*

Take care when toasting the farofa: if you don't stir well, it can burn easily, leaving a bitter taste. And more: the dish can get even richer and tastier if you add meat in cubes, such as tenderloin or pork belly.

ANGU DE MILHO VERDE
GREEN CORN PORRIDGE

rendimento: **4 porções**　makes: **4 portions**
tempo de preparo: **40 minutos**　ready in: **40 minutes**

ingredientes

- 6 espigas de milho verde
- 2 xícaras de água
- 1 pitada de sal
- 2 colheres de óleo

ingredients

- 6 ears of green corn
- 2 cups water
- 1 pinch of salt
- 2 tablespoons oil

modo de preparo

1. Limpe bem as espigas e corte os grãos.
2. No liquidificador, bata bem o milho e a água.
3. Passe na peneira e reserve.
4. Em uma panela, aqueça o óleo e acrescente o milho, junto com o sal, mexendo sem parar até engrossar, por cerca de 25 minutos.

directions

1. Clean the ears and thresh the grains.
2. In the blender, beat the corn and water.
3. Strain the mixture and set aside.
4. In a saucepan, heat the oil and add the corn with salt, stirring constantly until it thickens, about 25 minutes.

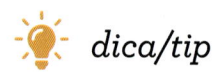

dica/tip

O angu de milho verde é um ótimo acompanhamento para o frango ensopado (ver página 74).

The green corn porridge is a great side dish order to stewed chicken (See page 74)

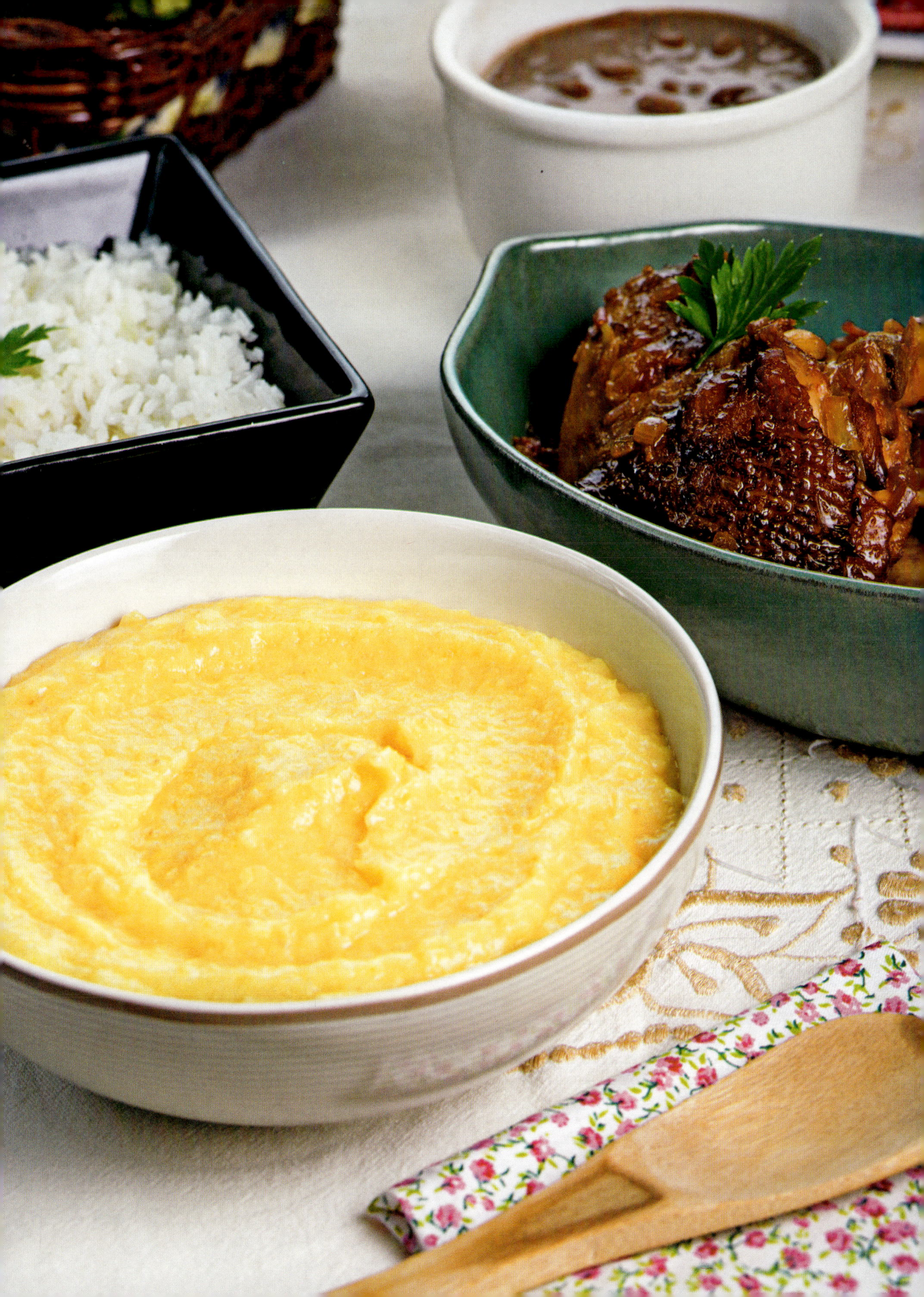

QUIBEBE DE MANDIOCA
MASHED MANIOC

rendimento: **4 porções**
tempo de preparo: **35 minutos**

makes: **4 portions**
ready in: **35 minutes**

ingredientes

- 1 kg de mandioca descascada e picada em rodelas
- ¼ xícara (chá) de azeite ou óleo
- 2 dentes de alho picados
- ½ cebola picada
- ½ maço de cebolinha
- Sal e pimenta-do-reino a gosto
- 1 pimenta dedo-de-moça sem semente picada para finalizar

ingredients

- 1 kg of peeled and chopped manioc
- ¼ cup olive oil or vegetable oil
- 2 cloves garlic, chopped
- ½ chopped onion
- ½ bunch of chives and parsley
- salt and black pepper to taste
- 1 dedo-de-moça pepper, without seeds and chopped to decorate

modo de preparo

1. Cozinhe a mandioca em uma panela com água fervente até ficar bem macia.
2. Em outra panela, refogue a cebola e o alho.
3. Acrescente a mandioca cozida, a pimenta-do-reino, o sal e o cheiro-verde picado e um copo de água. Deixe ferver bem, até que o caldo comece a engrossar. Se for necessário, acrescente mais água para que se forme um caldo grosso e a mandioca comece a derreter.
4. Acerte o sal, salpique a cebolinha e a pimenta dedo-de-moça picada e sirva em seguida.

directions

1. Cook the manioc in a saucepan with boiling water until it gets very soft.
2. In another saucepan, sauté the onion and garlic.
3. Add cooked manioc, black pepper, salt and the chopped chives and parsley and a cup of water. Let it boil well, until begins to thicken. If necessary, add more water to form a thick broth until the manioc begins to melt.
4. Add salt, sprinkle the chives and dedo-de-moça pepper and serve.

dica/tip

Enriqueça o quibebe: frite 250 gramas de barriga de porco picada e acrescente à mandioca enquanto o caldo engrossa. Carne seca e frango desfiado também são boas opções para dar mais sabor ao prato.

Enrich this dish by frying 250 g of chopped pork belly and adding it to the manioc while the broth thickens. Dried meat and shredded cooked chicken are also good options to add more flavor

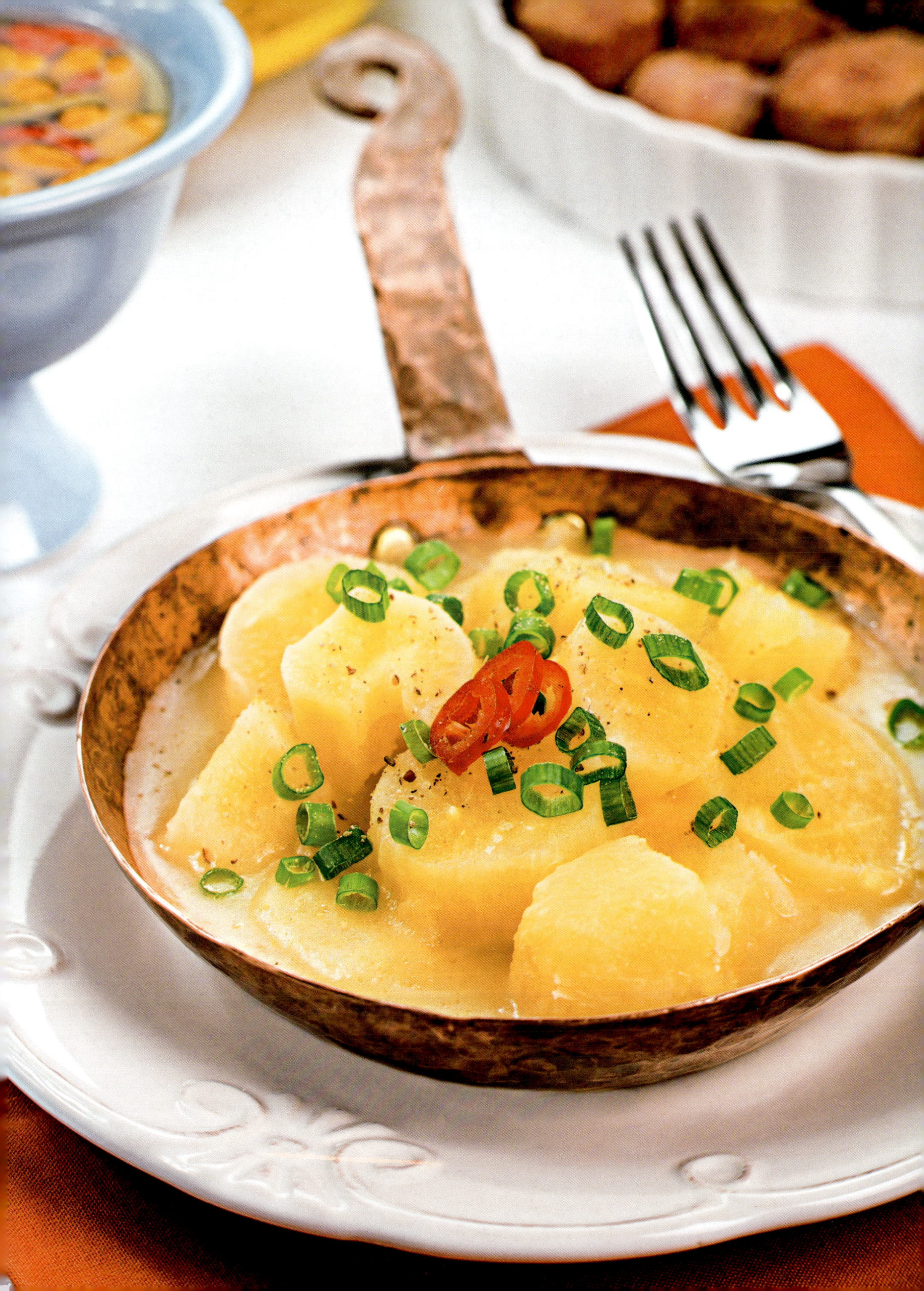

CALDINHO DE MANDIOCA
MANIOC SOUP

rendimento: **4 porções**
tempo de preparo: **45 minutos**

makes: **4 portions**
ready in: **45 minutes**

ingredientes

- 500 g de mandioca
- 1 cebola picada
- 2 dentes de alho picados
- 2 tomates picados
- 1 colher (sopa) de azeite
- 1 colher (sopa) de cebolinha picada
- 1 tablete de caldo de galinha
- 400 ml de água
- Sal e pimenta-do-reino a gosto

ingredients

- 500 g of manioc
- 1 chopped onion
- 2 cloves garlic, minced
- 2 tomatoes, chopped
- 1 tablespoon olive oil
- 1 tablespoon chopped chives
- 1 tablet of chicken broth
- 400 ml of water
- Salt and black pepper to taste

modo de preparo

1. Primeiro, cozinhe bem a mandioca e amasse.
2. Em uma panela, ferva a água com o caldo de galinha para dissolvê-lo.
3. Refogue a cebola, o alho e os tomates no azeite.
4. Acrescente a mandioca amassada e o caldo de galinha, mexendo bem para não grudar. Ferva até que a mistura se torne um creme homogêneo.
5. Acerte o sal e a pimenta. Coloque a cebolinha e sirva.

directions

1. Begin by cooking the manioc well and then smash it. *2.* In a saucepan, boil the water with the chicken stock to dissolve it. *3.* Saute onion, garlic and tomatoes in olive oil. *4.* Add the mashed manioc and chicken broth, stirring well to avoid sticking. Boil until the mixture becomes a homogeneous cream. *5.* Add salt and pepper. Put the chives and serve.

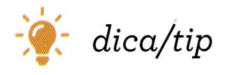

dica/tip

Para enriquecer o caldinho, você pode acrescentar carne-seca desfiada (como na foto) ou peito de frango. Sirva em potinhos individuais (os copinhos americanos ficam charmosos) e decore com uma pequena folha de salsinha.

To enrich the soup, you can add shredded jerked beef (as pictured) or chicken breast. Serve in individual soup cups (small glasses are charming) and decorate with a small leaf of parsley

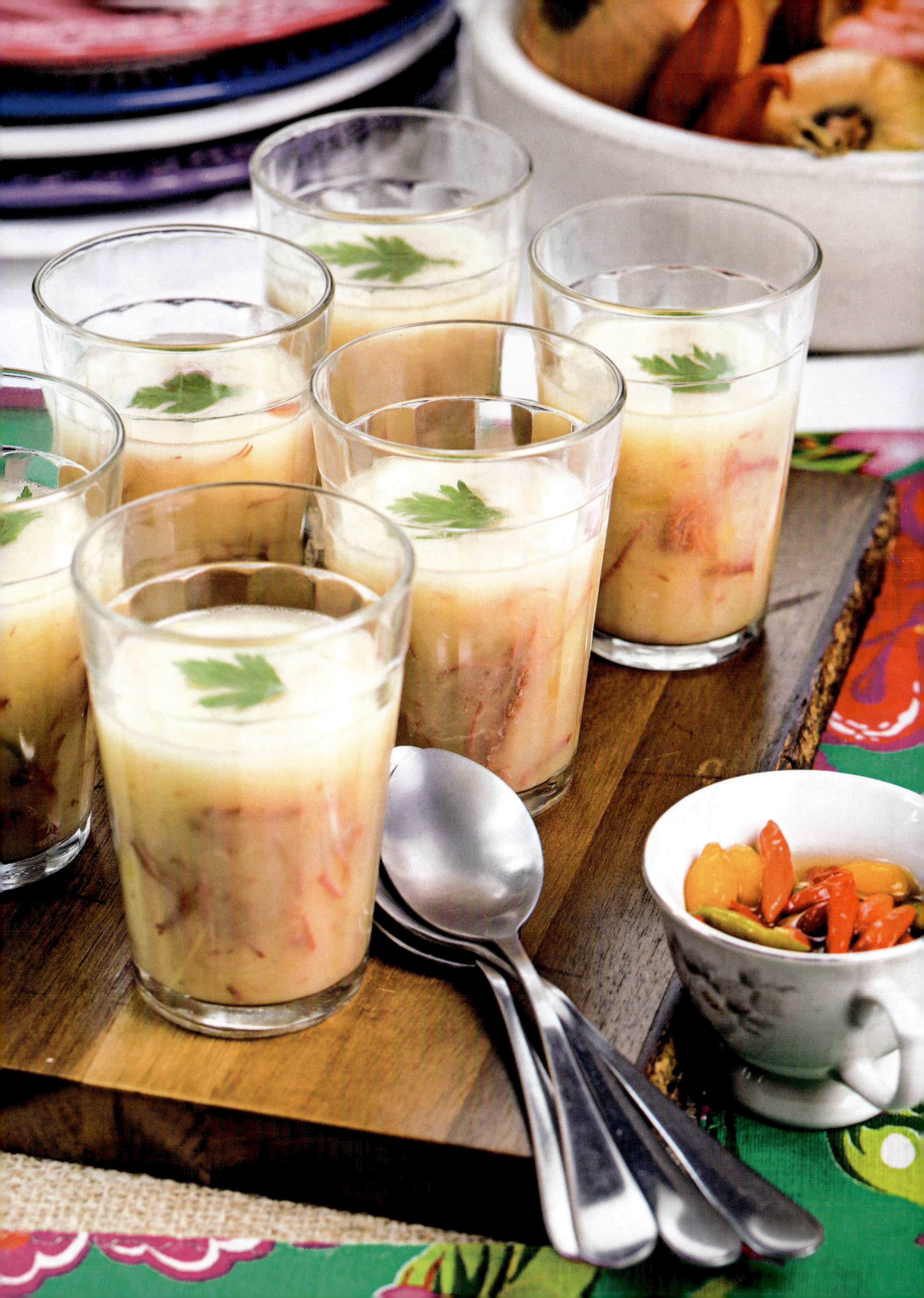

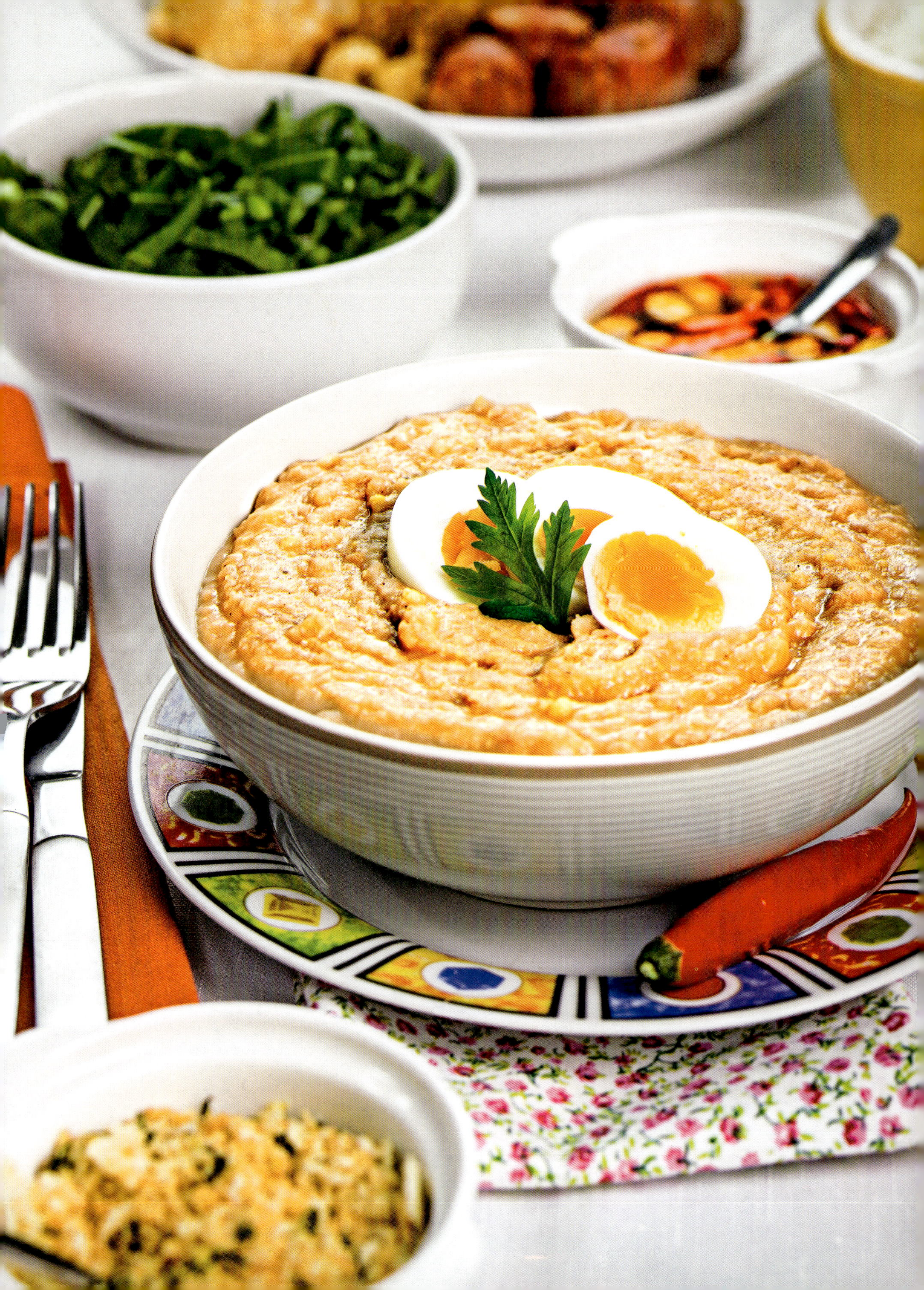

TUTU À MINEIRA
TUTU À MINEIRA

rendimento: **10 porções**
tempo de preparo: **50 minutos**

makes: **10 portions**
ready in: **50 minutes**

ingredientes

- ½ kg de feijão cozido com caldo
- 200 g de farinha de milho
- 1 concha de alho batido com óleo vegetal
- 1 ovo cozido
- 100 g linguiça
- Sal e pimenta-do-reino a gosto
- Cebola e cheiro-verde a gosto

ingredients

- ½ kg cooked beans with water
- 200 g corn flour
- 1 tablespoon garlic blended with vegetable oil
- 1 boiled egg cut into slices
- 100 g sausage
- Salt and black pepper to taste
- Onion, parsley and chives to taste

modo de preparo

1. Bata o feijão no liquidificador e reserve.
2. Em uma panela de ferro, refogue o alho com a farinha de milho e em seguida acrescente o sal e pimenta-do-reino.
3. Aos poucos, junte o feijão batido, até ficar com a consistência de um purê, e deixe em fogo brando por cerca de 40 minutos.
4. Disponha o tutu em uma travessa e, por cima, coloque o ovo cozido cortado em fatias, a linguiça, a cebola e o cheiro-verde.

directions

1. Beat the beans in the blender and set aside.
2. In an iron pan, sauté the garlic with the cornmeal and add the salt and black pepper.
3. Gradually add the beaten beans, until the consistency of a puree, and cook in low heat for about 40 minutes.
4. Arrange the tutu on a platter and place egg, sausage, onion, parsley and chives.

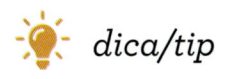

dica/tip

O tutu pode levar tanto o feijão carioca, quanto o feijão preto - e o modo de preparo é o mesmo. Além disso, para deixá-lo mais rico e saboroso, você pode acrescentar lombinho grelhado cortado em cubos ou bacon picado.

Tutu can be prepared with brown or black beans - and the way of preparation is the same. And, to make it richer and tastier, you can add grilled tenderloin cut into cubes or chopped bacon

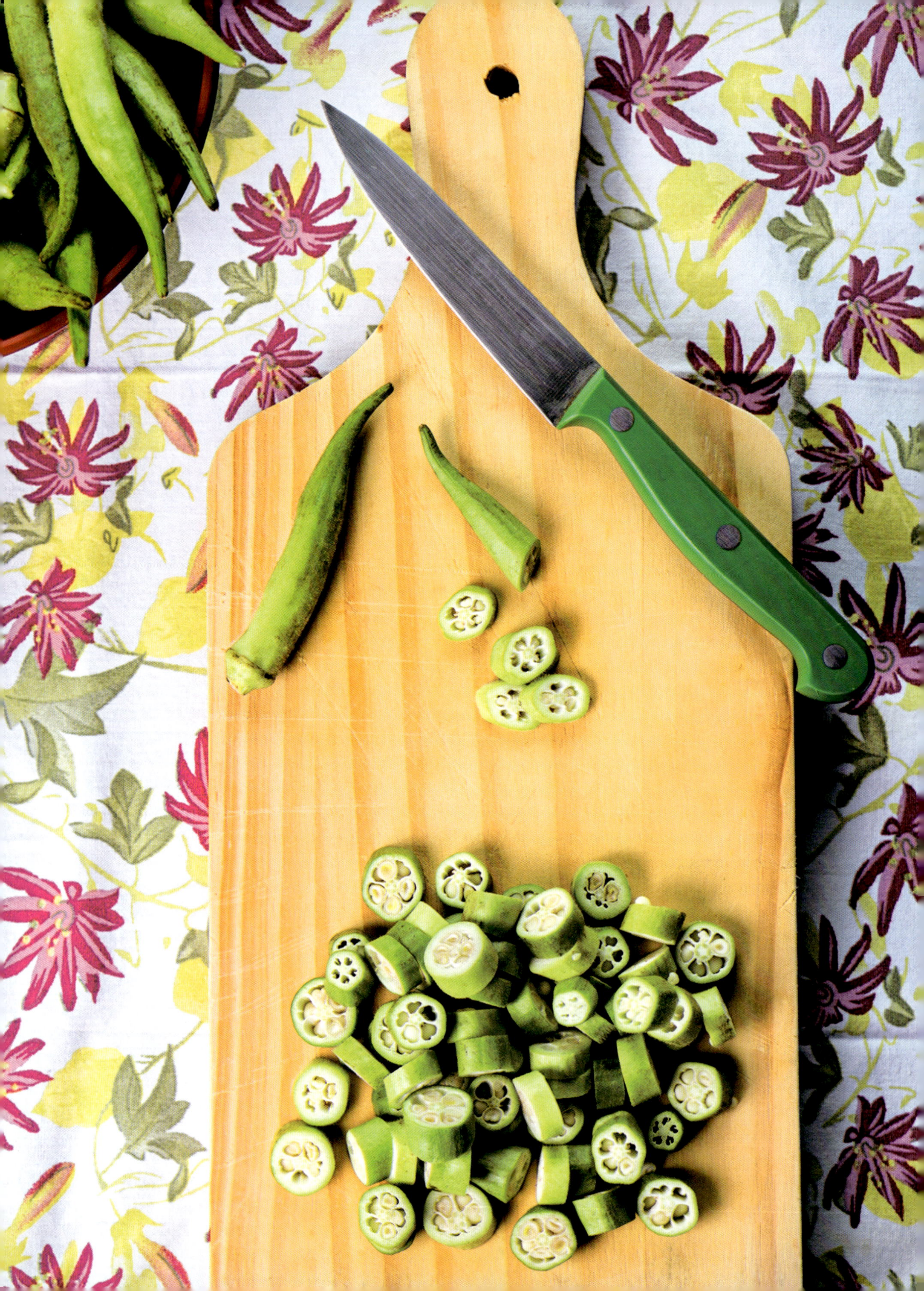

QUIABADA
QUIABADA

rendimento: **4 porções** makes: **4 portions**
tempo de preparo: **10 minutos** ready in: **10 minutes**

ingredientes

- ½ kg de quiabo
- 1 cebola
- 1 tomate
- 1 dente de alho picado
- 1 colher de óleo
- Suco de meio limão
- Cheiro-verde
- Pimenta-de-cheiro
- Sal e pimenta-do-reino

ingredients

- ½ kg okra
- 1 onion
- 1 tomato
- 1 clove garlic, minced
- 1 tablespoon oil
- juice of ½ lemon
- parsley and chives
- pimenta-de-cheiro pepper
- salt and black pepper

modo de preparo

1. Lave os quiabos e seque-os bem em um guardanapo. Depois, corte-os em rodelas finas (mas não muito) e reserve. **2.** Aqueça o óleo em uma frigideira. Acrescente a cebola cortada em cubos, o tomate, também em cubos pequenos e o alho picado. **3.** Refogue rapidamente e acrescente os quiabos, mexendo para não grudar na panela até que fiquem macios, mas não muito moles. Acerte o sal e a pimenta e acrescente o cheiro-verde.

directions

1. Wash the okra and dry them well on a napkin. The, cut them into thin slices (but not too much) and set aside. **2.** Heat the oil in a frying pan. Add the onion cut into cubes, tomatoes, also cut in small cubes, and chopped garlic. **3.** Sautee quickly and add the okra, stirring so it not sticks in the pan, until they are soft, but not too much. Add salt and pepper and add parsley and chives.

dica/tip

Uma opção igualmente deliciosa é preparar o quiabo frito. Nesse caso, aqueça bem o óleo e coloque os quiabos picados em rodelas, mexendo rapidamente até que dourem. Desligue o fogo e tempere com sal, pimenta-do-reino e cheiro-verde.

Another delicious option is to fry the okra. In this case, heat the oil well and place the chopped okra in slices, stirring quickly until they brown. Turn off the heat and season with salt, black pepper, chives and parsley

coleção tempero brasileiro **culinária mineira**

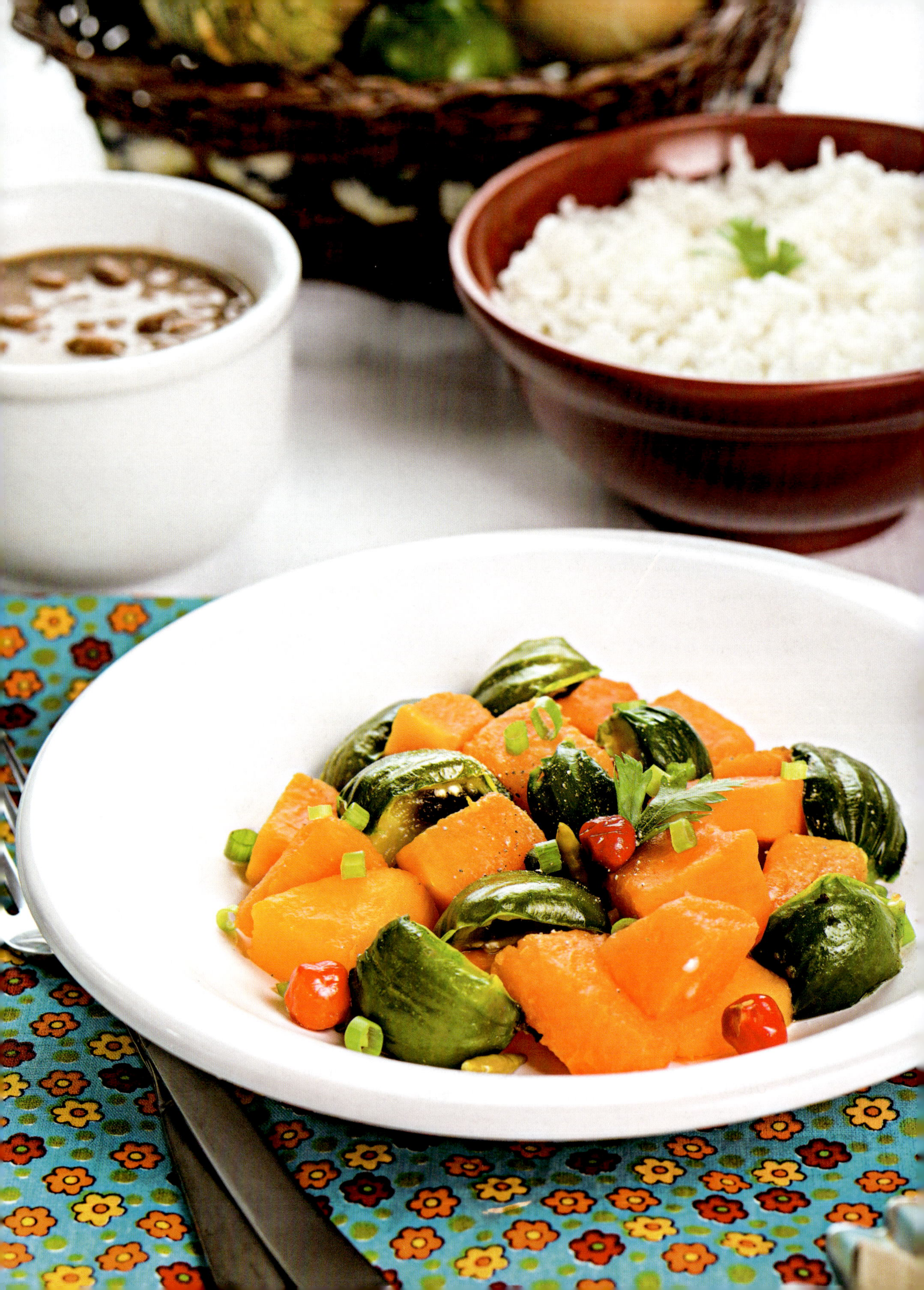

REFOGADO DE ABÓBORA COM JILÓ

SAUTÉ OF PUMPKIN AND JILÓ

rendimento: **4 porções**
tempo de preparo: **15 minutos**

makes: **4 portions**
ready in: **15 minutes**

ingredientes

- 300 g de abóbora-amarela
- 200 g de jiló
- 1 cebola
- 2 dentes de alho
- Cheiro-verde picado a gosto
- Sal e pimenta-do-reino a gosto
- 1 colher de óleo

ingredients

- 300 g yellow pumpkin
- 200 g jiló
- 1 onion
- 2 garlic cloves
- Parsley and chives, chopped
- Salt and black pepper
- 1 tablespoon oil

modo de preparo

1. Lave e descasque a abóbora, tire as sementes e corte em cubos grandes. **2.** Lave os jilós, corte os talos e corte em quatro. **3.** Aqueça o óleo em uma frigideira, acrescente o alho bem picado e a cebola em rodelas. **4.** Na mesma panela, junte a abóbora e o jiló. Deixe refogar e acrescente água suficiente para cobrir o fundo da panela. **5.** Deixe cozinhar por cerca de 5 minutos em fogo baixo. **6.** Acerte o sal e a pimenta e polvilhe com o cheiro-verde picado na hora de servir.

directions

1. Wash and peel the pumpkin, remove the seeds and cut into large cubes. **2.** Wash the jilós, cut the stems and cut in four. **3.** Heat the oil in a frying pan, add the garlic chopped and the onion in slices. **4.** In the same pan, combine pumpkin and jiló. Let it braise and add enough water to cover the bottom of the pan. **5.** Cook for about 5 minutes over low heat. **6.** Stir in salt and pepper and serve with sprinkled parsley and chopped chives.

dica/tip

Para realçar a cor da abóbora e do jiló, coloque-os de molho por cinco minutos em uma mistura de meio litro de água e uma colher de chá de bicarbonato de sódio.

To enhance the color of pumpkin and Jiló, soak them for five minutes in a mixture of 2 cups of water and one teaspoon of baking soda

coleção tempero brasileiro   **culinária mineira**

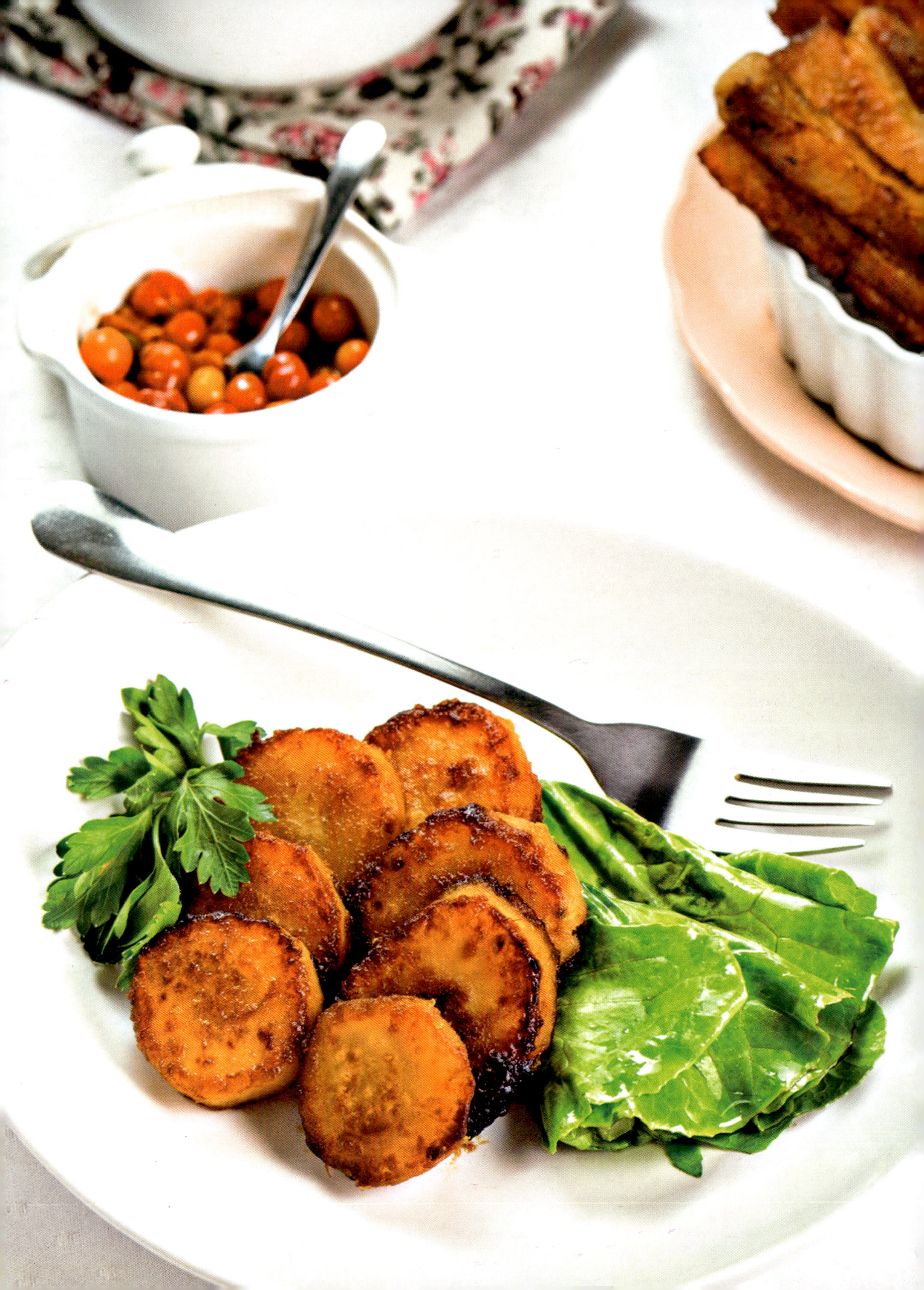

BATATA-DOCE CARAMELADA
CARAMELISED SWEET POTATOES

rendimento: **4 porções**
tempo de preparo: **35 minutos**

makes: **4 portions**
ready in: **35 minutes**

ingredientes

- 500 g de batata-doce cortada em rodelas grossas
- 2 xícaras (chá) de açúcar
- 1 xícara (chá) de água

ingredients

- 500 g of sweet potatoes cut in thick slices
- 2 cups sugar
- 1 cup of water

modo de preparo

1. Cozinhe as batatas-doces em água até que fiquem quase macias. Escorra e reserve.

2. Derreta o açúcar até caramelizar, adicione 1 xícara de água e misture até dissolver.

2. Deixe em fogo baixo até reduzir e formar uma calda grossa. Adicione as batatas doces. Vire-as com cuidado até ficarem macias.

directions

1. Cook the sweet potatoes in water until they are almost tender. Drain and set aside.

2. Melt the sugar until caramelised, add 1 cup of water and mix until dissolved.

3. Cook in low heat until it form a thick syrup. Add the sweet potatoes. Turn them gently until they are soft.

dica/tip

Se preferir, também é possível assar as batatas no forno, em vez de cozinhá-las. Isso as deixará mais sequinhas. Sirva como acompanhamento de carnes assadas ou grelhadas.

If you prefer, you can also bake the potatoes in the oven instead of cooking them. This will make them crispy. Serve as a side dish with roasted or grilled meats

ORA-PRO-NÓBIS REFOGADO

BRAISED ORA-PRO-NÓBIS

rendimento: **4 porções**
tempo de preparo: **10 minutos**

makes: **4 portions**
ready in: **10 minutes**

ingredientes

- 1 maço de folhas de ora-pro-nóbis
- 2 colheres (sopa) de azeite
- 2 dentes de alho picados
- 1 cebola picada
- Sal e pimenta do reino a gosto

ingredients

- 1 bundle of ora-pro-nóbis leaves
- 2 tablespoons olive oil
- 2 cloves garlic, chopped
- 1 chopped onion
- Salt and black pepper to taste

modo de preparo

1. Arranque as folhas com cuidado das hastes, pois tem muitos espinhos. Lave bem.
2. Aqueça o azeite em uma frigideira e refogue a cebola e o alho.
3. Acrescente o ora-pro-nóbis e espere murchar.
4. Tempere com sal e a pimenta-do-reino.

directions

1. Pull the leaves out from the stem carefully because there are many thorns. Wash it well.
2. Heat the olive oil in a frying pan and sauté the onion and garlic.
3. Add the ora-pro-nóbis and wait for it to wilt
4. Season with salt and pepper.

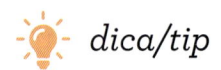

dica/tip

Este refogado pode acompanhar frango com quiabo ou pode ser acrescentado a caldos e sopas para dar mais sabor às receitas.

This can accompany chicken with okra or it can be added to broths and soups to give more flavor to the recipes

ANGU DE FUBÁ
CORNMEAL PORRIDGE

rendimento: **4 porções** makes: **4 portions**
tempo de preparo: **35 minutos** ready in: **35 minutes**

ingredientes

- 500 g de fubá
- 6 xícaras de água
- 1 cubo de caldo de galinha
- Sal e pimenta-do-reino a gosto
- Salsinha para polvilhar

ingredients

- 500 g cornmeal
- 6 cups water
- 1 cube chicken broth
- Salt and black pepper to taste
- Parsley for sprinkling

modo de preparo

1. Desmanche o fubá em 2 xícaras de chá de água fria.
2. Em uma panela de fundo grosso, coloque o restante de água para ferver junto com o cubo de caldo de galinha.
3. Abaixe o fogo, acrescente o fubá dissolvido e mexa com uma colher de pau sem parar. Cozinhe até ficar uma consistência cremosa.
4. Acerte o sal e a pimenta-do-reino.
5. Despeje em uma forma e polvilhe a salsinha para decorar.

directions

1. Dissolve the cornmeal in 2 cups of cold water.
2. In a heavy bottom pan, take the water remaining to boil with the cube of chicken broth.
3. Lower the heat, add the dissolved cornmeal and stir with a wooden spoon without stopping. Cook until gets a creamy consistency.
4. Add salt and black pepper.
5. Pour into a pan and decorate sprinkling the parsley

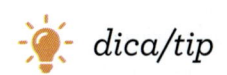

dica/tip

Em vez da água, você pode usar caldo de legumes ou de frango para deixar o angu mais saboroso.

Instead of water, you can use vegetables or chicken broth to make the porridge tastier.

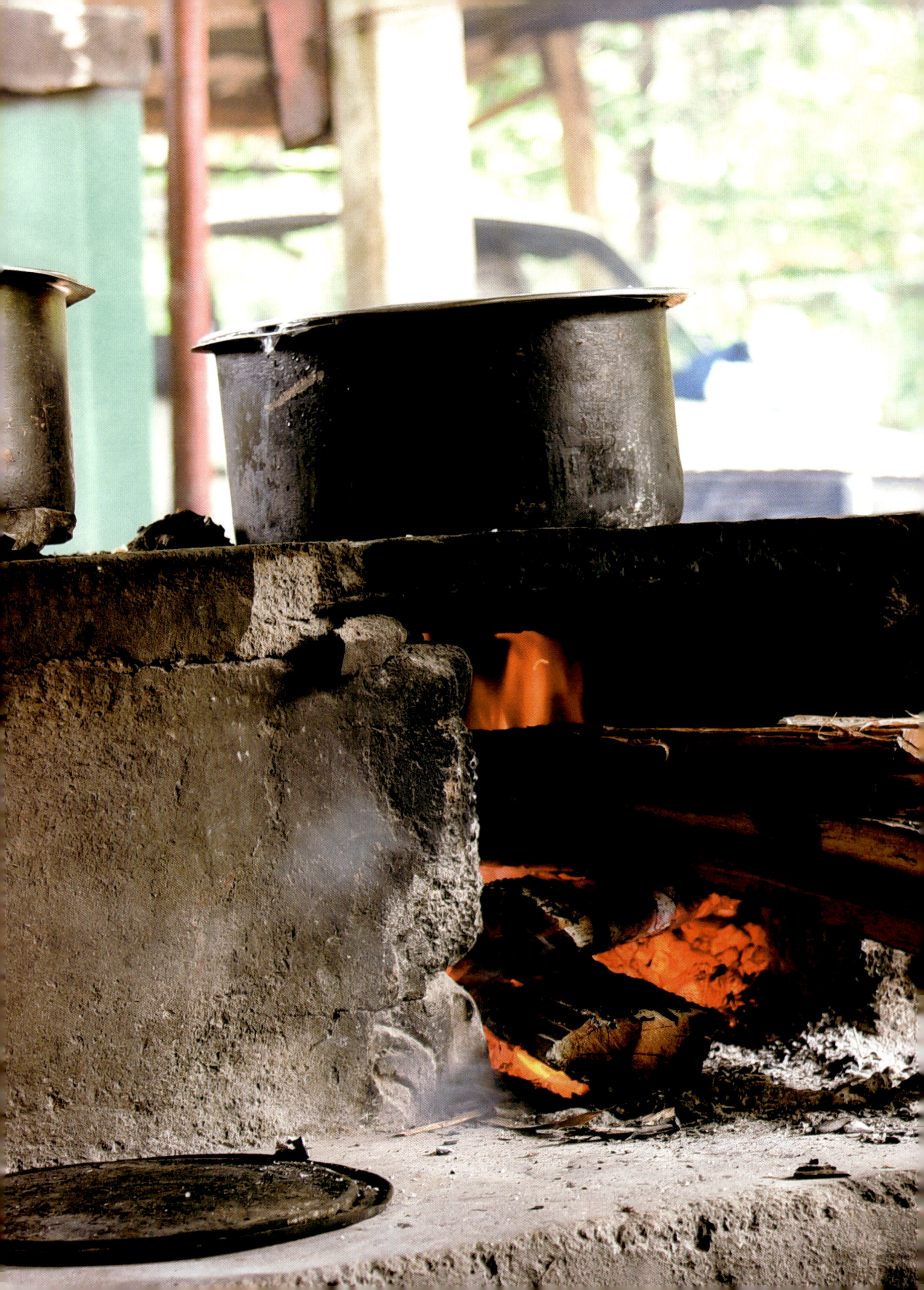

As estrelas do cardápio

THE STARS OF THE MENU

Os pratos a seguir guardam as características principais da cozinha mineira: cozimento lento, tempero caprichado e muito carinho em todo o processo.

The following recipes keep the main characteristics of Minas Gerais cuisine: slow cooking, spicy seasoning and lots of love throughout the process.

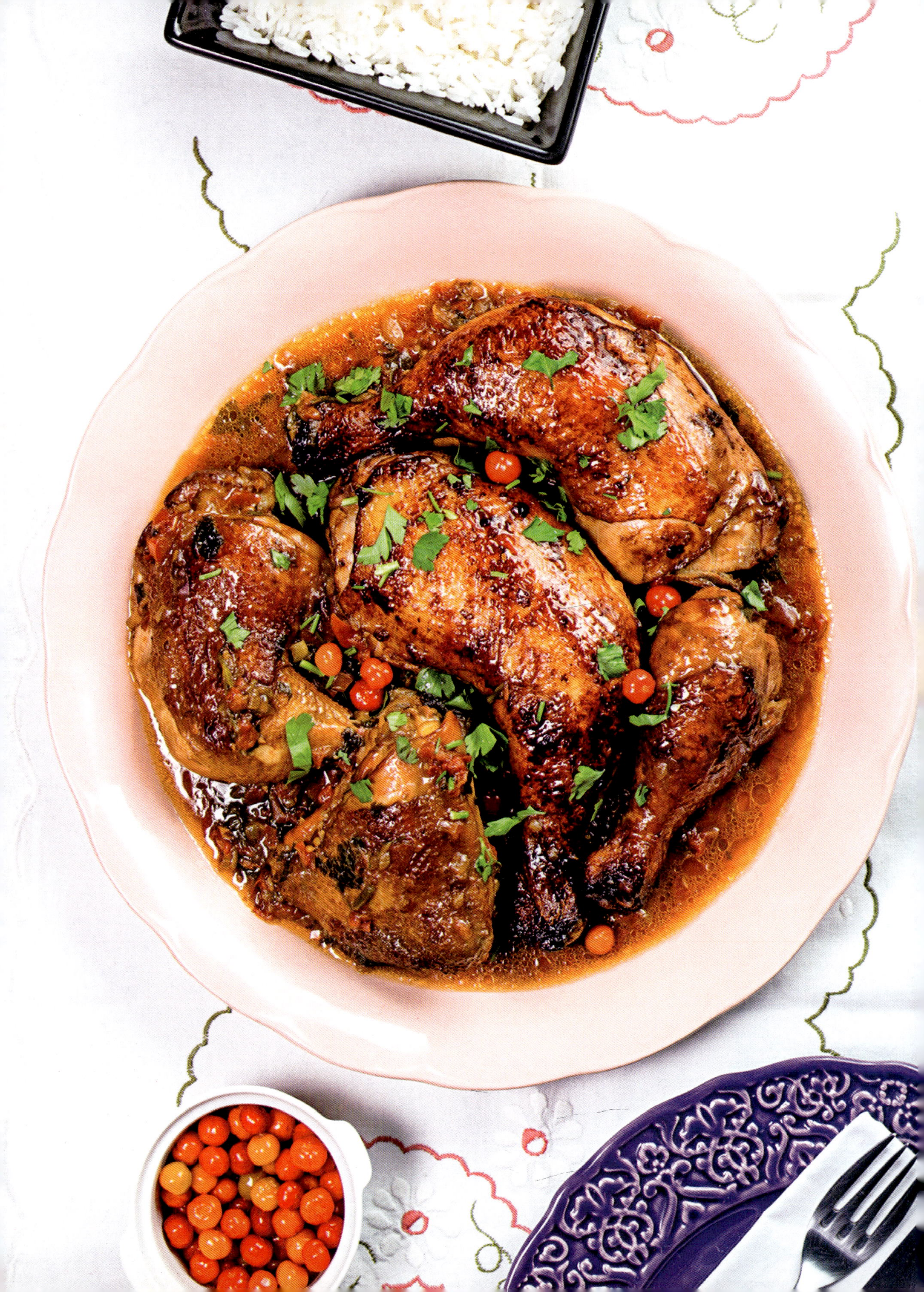

FRANGO ENSOPADO
STEWED CHICKEN

rendimento: **4 porções**
tempo de preparo: **40 minutos**

makes: **4 portions**
ready in: **40 minutes**

ingredientes

- 4 coxas e sobrecoxas de frango • 2 tomates • 1 cebola • 2 dentes de alho • 1 colher (sopa) de açúcar mascavo • 2 colheres (sopa) de óleo • 3 ramos de salsinha (inteiros) • 1 pimenta-de-cheiro • Cheiro-verde picado • Sal e pimenta-do-reino a gosto • Meio limão espremido

ingredients

- 4 chicken whole leg (thigh and drumstick) • 2 tomatoes • 1 onion • 2 garlic cloves • 1 tablespoon brown sugar • 2 tablespoons oil • 3 branches parsley (whole) • 1 pimenta-de-cheiro pepper • Chives and parsley • Salt and black pepper to taste • Juice of ½ lemon

modo de preparo

1. Tempere o frango com o sal, o alho e o limão. Deixe descansar por 15 minutos. *2.* Numa panela grande, coloque o açúcar mascavo e deixe dourar. Acrescente o óleo, deixe esquentar. *3.* Coloque o frango cuidadosamente, primeiro com a parte da pele para baixo. Deixe dourar bem e vire os pedaços. *4.* Acrescente o tomate e a cebola picados em cubos, os ramos de salsinha e a pimenta. Coloque água quente até cobrir os pedaços de frango. Tampe e deixe cozinhar em fogo baixo. Se for necessário, acrescente um pouco mais de água durante o processo. *5.* Quando o frango estiver macio, acerte o tempero do caldo, que deve ser dourado e espesso. Acrescente o cheiro-verde e sirva.

directions

1. Season chicken with salt, garlic and lemon. Let it rest for 15 minutes. *2.* In a large saucepan, place the brown sugar and let it brown. Add oil, let it warm. *3.* Place the chicken carefully, first with the skin down. Let it brown well and turn the pieces. *4.* Add chopped tomatoes and onions cut into cubes, parsley and pepper. Add hot water up to cover the chicken pieces. Cover the saucepan and cook in low heat. If necessary, add a little more water during the process. *5.* When the chicken is tender, set the seasoning of the broth, which should be golden and thick. Add the parsley and chives, and serve.

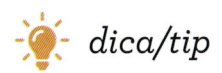

dica/tip

Durante o cozimento, evite mexer o frango para que os pedaços não se machuquem. Basta cozinhar em fogo baixo e acrescentar água aos poucos para não deixar que o caldo seque.

While cooking, avoid stirring the chicken so that the pieces won't be bruised. Simply cook over low heat and add water slowly to avoid letting the broth dry

FRANGO COM QUIABO

CHICKEN & OKRA

rendimento: **4 porções**　　makes: **4 portions**
tempo de preparo: **1 hora**　　ready in: **60 minutes**

ingredientes

- 1 kg de frango (coxa e sobrecoxa) • 1 kg de quiabo cortado em rodelas • 3 dentes de alho • 1 tomate sem pele cortado em cubos • 1 cebola cortada em cubos
- Pimenta-do-reino e sal a gosto • 2 copos (americano) de água quente • 2 copos (americano) de óleo
- Cheiro-verde

modo de preparo

1. Deixe o frango no alho, pimenta-do-reino e sal por duas horas na geladeira.

2. Coloque o frango no óleo, até que fique bem dourado. Vire do outro lado e repita o processo, selando as peças.

3. Retire o frango do óleo e reserve. Na mesma panela, frite o quiabo e escorra todo o óleo.

4. Junte o frango com o quiabo e adicione o tomate, a cebola, o sal e um copo de água quente. Deixe cozinhar.

5. Adicione o restante de água (um copo) pouco a pouco, até o fim do cozimento e, por último, o cheiro-verde.

ingredients

- 1 kilogram chicken (Leg quarter)
- 1 kilogram okra cut into slices
- 3 garlic cloves • 1 tomato without skin cut into cubes • 1 onion cut into cubes
- Pepper and salt to taste • 2 cups hot water • 2 cups oil • Chives and Parsley

directions

1. Leave the chicken in the garlic, black pepper and salt for two hours in the refrigerator. **2.** Fry the chicken in oil until golden brown. Turn to the other side and repeat the process by sealing the parts. **3.** Remove chicken from oil and set aside. In the same pan, fry the okra and drain all the oil. **4.** Combine chicken, okra, tomato, onion and a glass of hot water with salt. Let it cook. Add the remaining water, little by little until the end of the cooking process and, finally, add parsley and chive.

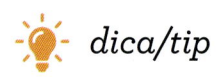

dica/tip

Panelas de fundo grosso são as ideais para esta receita, pois garantem um cozimento lento, sem queimar. Coloque uma colher de açúcar mascavo no óleo antes de adicionar o frango. Isso o deixará com mais cor.

Thick bottom cookware is perfect for this recipe as it ensures a slow cooking, without burning. Put a spoon of brown sugar in the oil before adding the chicken. This will give more color to the chicken.

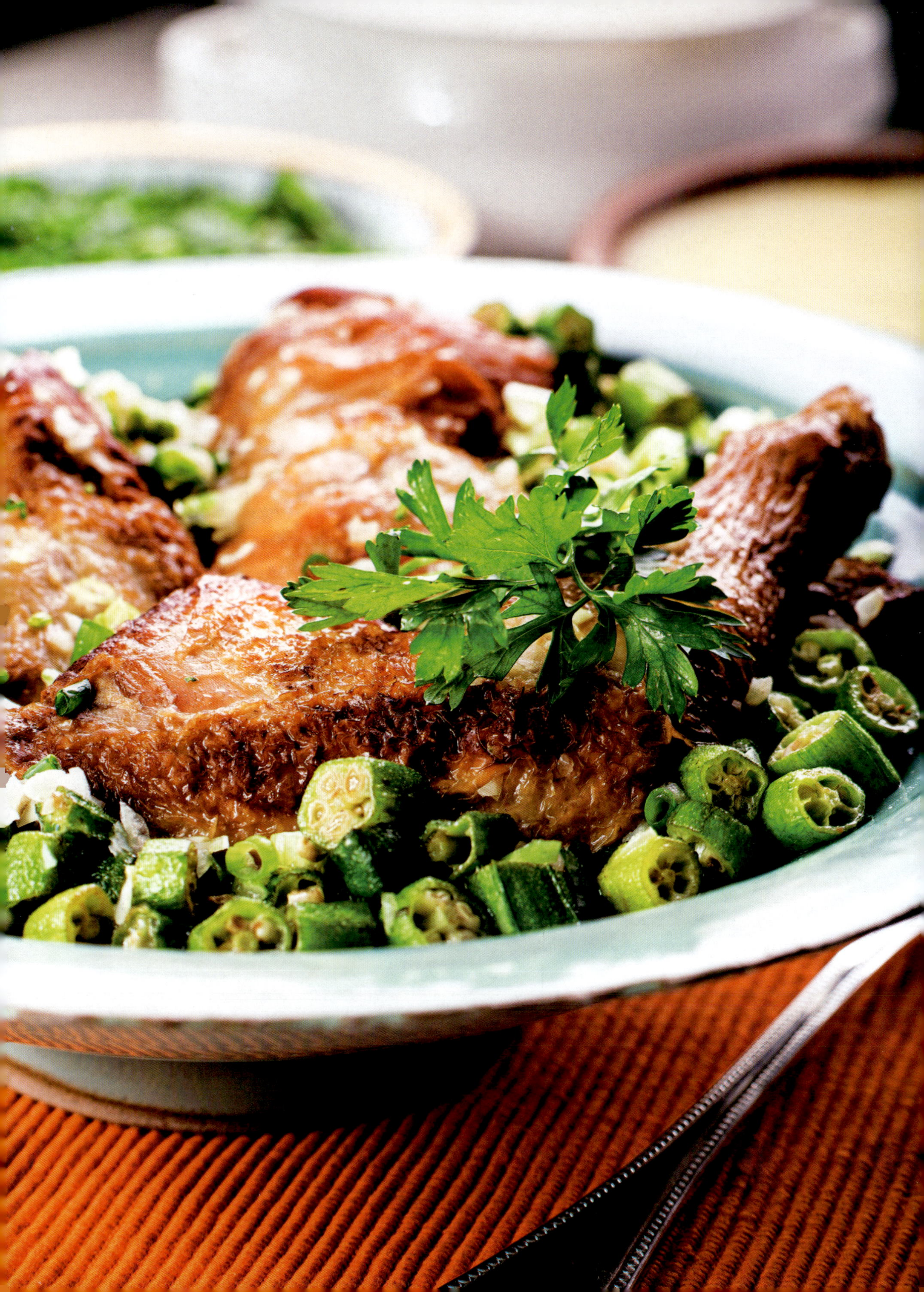

GALINHADA

GALINHADA

rendimento: **6 porções** makes: **6 portions**
tempo de preparo: **45 minutos** ready in: **45 minutes**

É possível inovar: em vez de arroz agulhinha, use arroz de risoto deixando a galinhada cremosa. Nesse caso, reserve alguns pedaços para desfiar e incorporar ao risoto

It is possible to innovate: instead of rice, use risotto rice so your Galinhada will be creamy. In that case, set aside a few pieces of the chicken to shred and incorporate into the risotto

ingredientes

- 6 coxas e sobrecoxas
- 3 tomates
- 2 cebolas
- ½ limão
- 3 dentes de alho
- 2 colheres de açúcar mascavo
- 250 g de arroz
- 3 espigas de milho verde
- 1 maço de cheiro-verde
- 1 pimenta-de-cheiro
- Sal e pimenta-do-reino a gosto

modo de preparo

1. Tempere o frango com o sal, dois dentes de alho e o limão. Deixe descansar por 15 minutos. **2.** Numa panela grande, coloque o açúcar mascavo e deixe dourar. Acrescente o óleo, deixe esquentar. **3.** Coloque o frango cuidadosamente, primeiro com a parte da pele para baixo. Deixe dourar bem e vire os pedaços. **4.** Acrescente: os tomates e uma cebola picados em cubos, três ramos de salsinha e a pimenta-de-cheiro. Coloque água quente até cobrir os pedaços de frango. Tampe e deixe cozinhar em fogo baixo. Se for necessário, acrescente um pouco mais de água durante o processo - para que o frango fique mais macio. **5.** Quando o frango estiver quase macio, retire-o da panela e reserve. **6.** Na mesma panela, deixe secar toda a água, sobrando apenas o óleo. Acrescente uma cebola picada em cubos e um dente de alho picado. Deixe a cebola dourar e refogue o arroz e o milho verde cortado em grãos. **7.** Acrescente água quente até atingir um dedo de altura em relação ao arroz. Acerte o sal e a pimenta. Devolva o frango à panela, tampe e deixe o arroz cozinhar em fogo baixo. **8.** Quando o arroz estiver cozido, retire do fogo. Salpique cheiro-verde picado e incorpore ao arroz e sirva.

ingredients

- 6 chicken thighs
- 3 tomatoes
- 2 onions
- ½ lemon
- 3 garlic cloves
- 2 tablespoons brown sugar
- 250 g of rice
- 3 ears of green corn
- 1 pack of parsley and chives
- 1 pimenta-de-cheiro pepper
- Salt and black pepper to taste

directions

1. Season chicken with salt, two cloves of garlic and lemon. Let it aside for 15 minutes. **2.** In a large saucepan, cook the brown sugar until gets brown. Add the oil, let it warm. **3.** Place the chicken carefully, first with the skin down. Let it brown well and turn the pieces. **4.** Combine tomatoes and onion, chopped into cubes, three sprigs of parsley and pepper. Add hot water until the chicken is covered. Cover and let it cook over low heat. If necessary, add a little more water during the process - so that the chicken get softer. **5.** When the chicken is almost tender, remove it from the saucepan and set aside. **6.** In that same saucepan, let all the water dry, until just the oil remains. Add one chopped onion into cubes and one chopped garlic clove. Let the onion brown and sauté the rice and green corn cut into grains. **7.** Add hot water until one inch over the rice. Set the salt and pepper. Return the chicken to the saucepan, cover it and let the rice cook over low heat. **8.** When the rice is cooked, remove from the heat. Sprinkle parsley and chive chopped and mix into rice

CARNE-SECA COM PURÊ DE ABÓBORA

JERKED BEEF WITH PUMPKIN PUREE

rendimento: **4 porções**   makes: **4 portions**
tempo de preparo: **1 hora**   ready in: **60 minutes**

ingredientes

Carne seca

• 400 g de carne seca • 1 cebola • 1 colher de manteiga • ½ maço de cheiro-verde • Sal a gosto

Purê de abóbora

• 300 g de abóbora-moranga • 2 colheres (sopa) de alho batido com óleo • 1 colher (café) de açúcar mascavo • 1 colher (café) de caldo de galinha • Sal a gosto

modo de preparo

Carne seca

1. Corte a carne seca em pedaços de 5 cm para melhor desfiar. *2.* Em uma panela de pressão, coloque a carne seca para cozinhar e troque a água duas vezes. Cozinhe ao todo por cerca de 30 minutos. *3.* Depois de fria, desfie a carne. *4.* Refoque a carne com manteiga, cebola em rodelas e cheiro-verde. Sirva em seguida, com cheiro-verde fresco por cima.

Purê de abóbora

1. Cozinhe a moranga com uma pitada de sal e reserve. *2.* Amasse-a. *3.* Refogue com o alho e óleo. Adicione o açúcar mascavo e o caldo de galinha. *4.* Acerte o sal e deixe cozinhar por mais 20 minutos.

ingredients

Jerked Beef: • 400 g jerked beef • 1 onion • 1 teaspoon butter • ½ packet of chive and parsley • salt to taste

Pumpkin Puree: • 300 g pumpkin • 2 tablespoons garlic with oil beaten • 1 teaspoon brown sugar • 1 teaspoon chicken broth • Salt to taste

directions

Jerked beef: *1.* Cut the meat into 5 cm pieces, so the shredding gets easier *2.* In a pressure cooker, cook the beef for about 30 minutes, changing the water twice. Cook in for about 30 minutes. *3.* Shred the meat once it's cooled *4.* Sautee meat with butter, sliced onion, chive and parsley. Serve then with fresh chives and parsley on top

Pumpkin Puree: *1.* Cook the pumpkin with a pinch of salt and set aside. *2.* Mash it. *3.* Sauté with garlic and oil. Add the brown sugar and the chicken broth. *4.* Set the seasoning and cook for more 20 minutes.

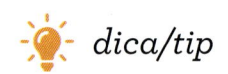

dica/tip

Você pode adicionar pimentões vermelhos em tiras ao refogado de carne. Outra opção é servir a carne-seca na companhia de purê de mandioca.

You can add red peppers in strips to the fried meat. Another option is to serve the meat with manioc puree.

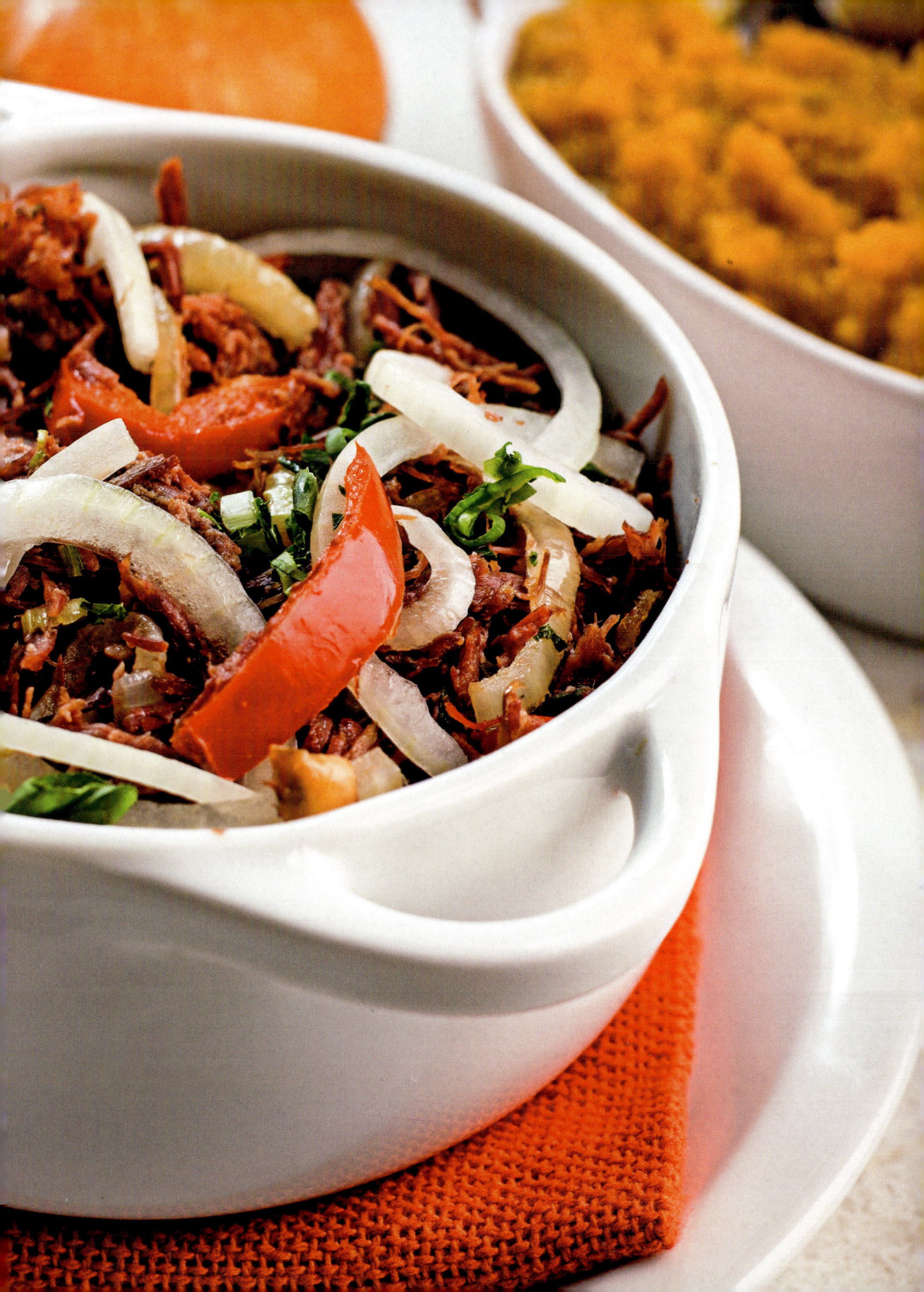

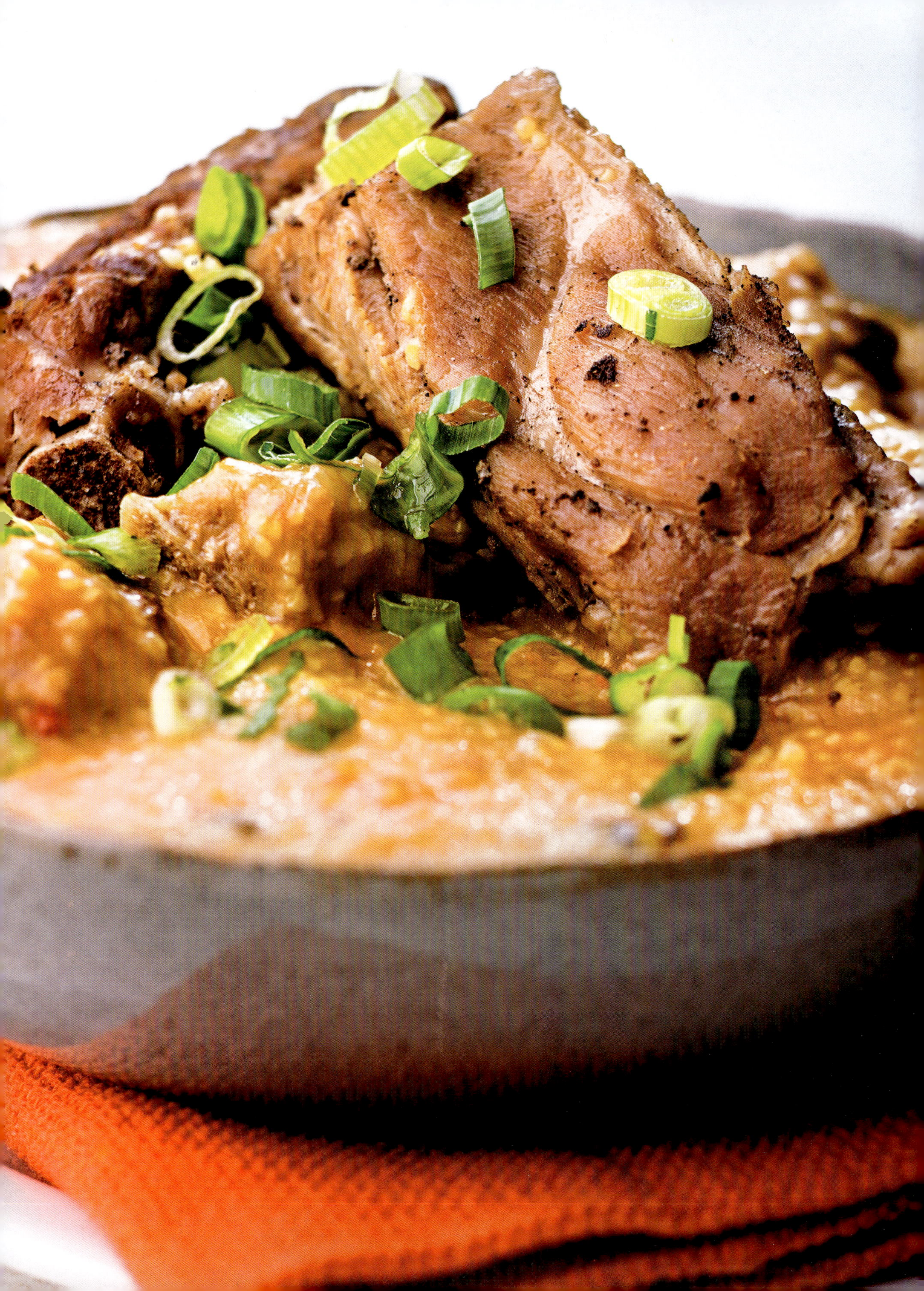

CANJIQUINHA COM COSTELA

HOMINY WITH RIBS

rendimento: **6 porções** makes: **6 portions**
tempo de preparo: **1h40** ready in: **100 minutes**

ingredientes

- 250 g de canjiquinha
- 500 g de costelinha
- 2 cebolas grandes cortadas em cubos
- 4 tomates sem pele e sem sementes
- 1 colher (café) de colorau (ou urucum)
- 1 concha de alho batido com óleo
- 1 pitada de pimenta-do-reino
- ½ cálice de cachaça
- Sal a gosto
- Cebolinha a gosto

ingredients

- 250 g hominy
- 500 g pork ribs
- 2 large onions chopped into cubes
- 4 tomatoes, skinless and seedless
- 1 tablespoon paprika (or annatto)
- 1 scoop of garlic crushed with oil
- 1 pinch black pepper
- ½ cup of cachaça
- salt to taste
- chives to taste

modo de preparo

1. Lave a canjiquinha e reserve. *2.* Cozinhe a canjiquinha em dois litros de água por uma hora. Em seguida, refogue a costelinha já frita (ver página 8) *3.* com alho batido, o tomate, a cebola, a pimenta-do-reino, o colorau e a cachaça. *4.* Leve ao fogo brando o refogado junto com a canjiquinha (já cozida) por 30 minutos. *5.* Sirva em uma cumbuca e salpique cebolinha por cima.

directions

1. Wash the hominy and set aside. *2.* Cook the hominy in 8 cups of water for one hour. Then saute the ribs already fried (see page 8) *3.* With crushed garlic, tomato, onion, black pepper, paprika and the cachaça. *4.* In low heat, cook the stew together with the hominy (already cooked) for 30 minutes. *5.* Serve on a bowl and sprinkle chives on it.

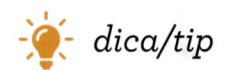

dica/tip

Para tirar a pele dos tomates, basta fazer um corte em cruz nas extremidades e colocar para ferver até que a pele comece a se soltar na área do corte.

To remove the skin from the tomatoes, simply cross-cut the ends and bring them to the boil until the skin begins to loosen in the cut area.

CREME DE ESPINAFRE COM BANANA DA TERRA

SPINACH CREAM WITH PLANTAIN

rendimento: **10 porções**
tempo de preparo: **30 minutos**

makes: **10 portions**
ready in: **30 minutes**

ingredientes

- 1 litro de leite
- 1 maço de espinafre
- 1 colher (sopa) de amido de milho
- 1 cebola média
- 1 colher (sopa) de manteiga
- 4 dentes de alho amassados
- Sal a gosto
- 12 bananas da terra
- Queijo Minas curado ou parmesão (a gosto)

ingredients

- 4 cups of milk
- 1 pack spinach
- 1 tablespoon cornstarch
- 1 medium onion
- 1 tablespoon butter
- 4 cloves garlic, crushed
- Salt to taste
- 12 plantains
- Minas cheese or parmesan (to taste)

modo de preparo

1. Lave o espinafre e passe-o em água quente. Bata no liquidificador o leite, o espinafre já murcho, a cebola e o amido de milho. Passe pela peneira fina. Reserve. *2.* Refogue a manteiga, o alho e o sal, jogue o caldo verde e mexa sempre até obter um creme consistente. Reserve. *3.* Parta as bananas ao meio no sentido do comprimento. Em uma frigideira, coloque um pouco de manteiga para untar. *4.* Sirva o creme de espinafre com a banana na companhia de arroz branco.

directions

1. Wash the spinach and blanch it in hot water. Beat the milk, the already withered spinach, the onion and the cornstarch in the blender. Strain through a fine sieve and set aside. *2.* Sautee the butter, garlic and salt, put the green broth and stir constantly to obtain a creamy consistency. Set aside. *3.* Split the plantain in half lengthwise. In a frying pan, add a little butter to grease. *4.* Serve the spinach cream with the plantain as a side dish to white rice.

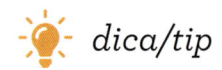

dica/tip

Para servir de jeito diferente, coloque em uma vasilha refratária: uma camada de banana frita, uma camada do creme, uma camada de queijo ralado. Repita esta montagem, para que em último fique o queijo. Gratine por 10 minutos.

To serve it in a different way, mix in a baking dish; a layer of fried plantain, a layer of cream, a layer of grated cheese. Repeat this assembly, finishing with the cheese. Gratin for 10 minutes.

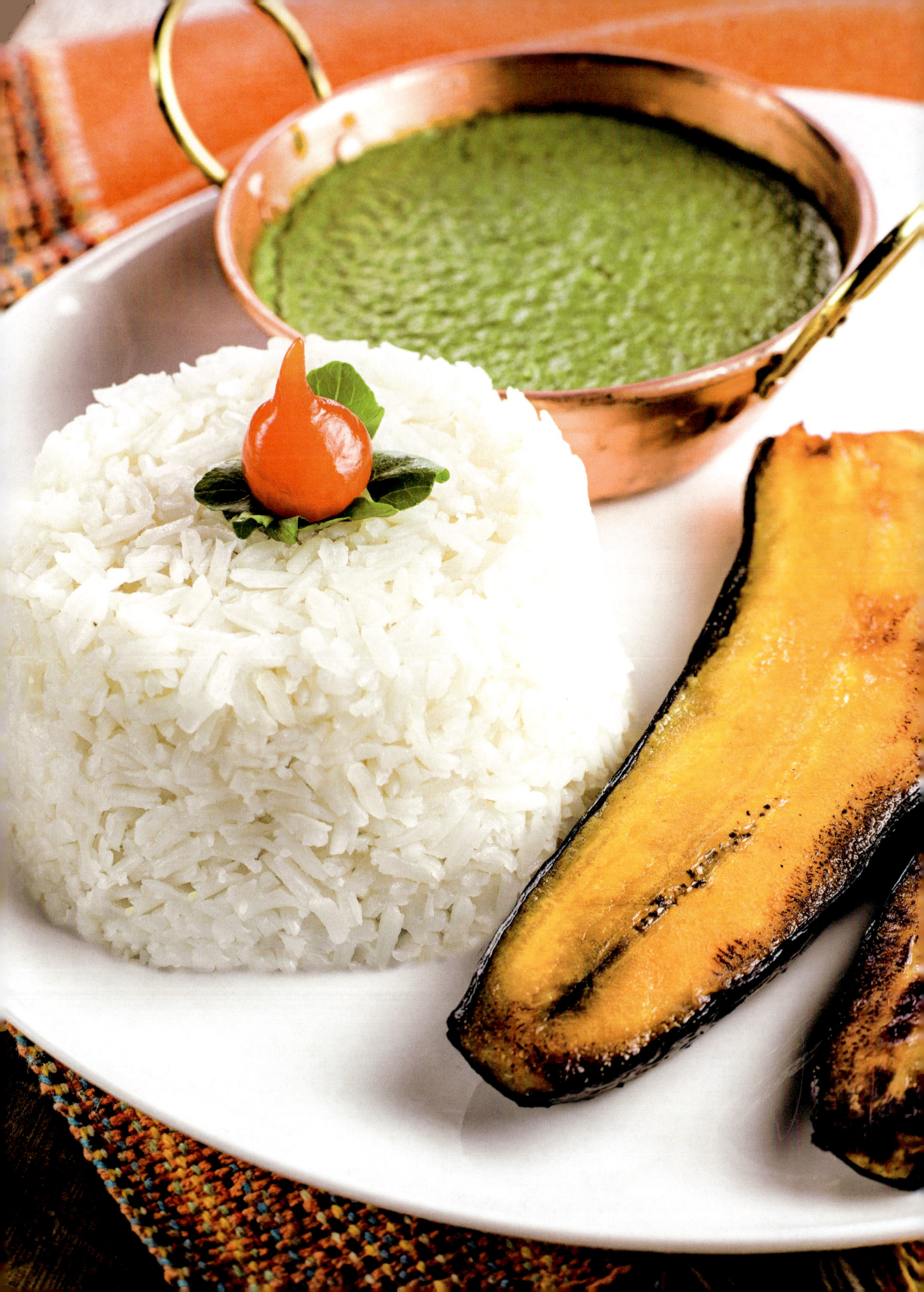

COSTELINHA À MINEIRA

MINAS STYLE RIBS

rendimento: **4 porções**
tempo de preparo: **2 horas**

makes: **4 portions**
ready in: **120 minutes**

ingredientes

- 1 kg de costela de porco
- ½ colher (sopa) de sal
- 1 pitada de pimenta-do-reino
- 1 litro de óleo
- 1 copo (americano) de água
- 2 dentes de alho amassados

ingredients

- 1 kg pork rib
- ½ tablespoon salt
- 1 pinch black pepper
- 4 cups oil
- 1 cup water
- 2 cloves garlic, crushed

modo de preparo

1. Corte a costela em pedaços e tempere com alho, sal e pimenta-do-reino. Deixe no tempero por 1 hora.

2. Coloque o óleo, a água e a costela para cozinhar, em fogo baixo, por 40 minutos, até que a água se evapore e sobre apenas o óleo. Deixe fritar até dourar.

directions

1. Cut the rib into pieces and season with garlic, salt and pepper. Set aside for 1 hour

2. In a saucepan, cook the ribs with the oil and the water, on low heat, for 40 minutes, until the water evaporates and only the oil remains. Let it fry until golden brown.

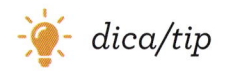

dica/tip

Quanto mais tempo a costela ficar temperada antes do cozimento, mais saborosa ela ficará. Se puder, tempere na noite anterior e deixe dormir na geladeira. Acompanha tutu, couve, linguiça e arroz.

The longer the rib is seasoned before cooking, the tastier it will be. If you can, season the night before and leave it at the refrigerator overnight. Serve it with tutu, kale, sausage and rice.

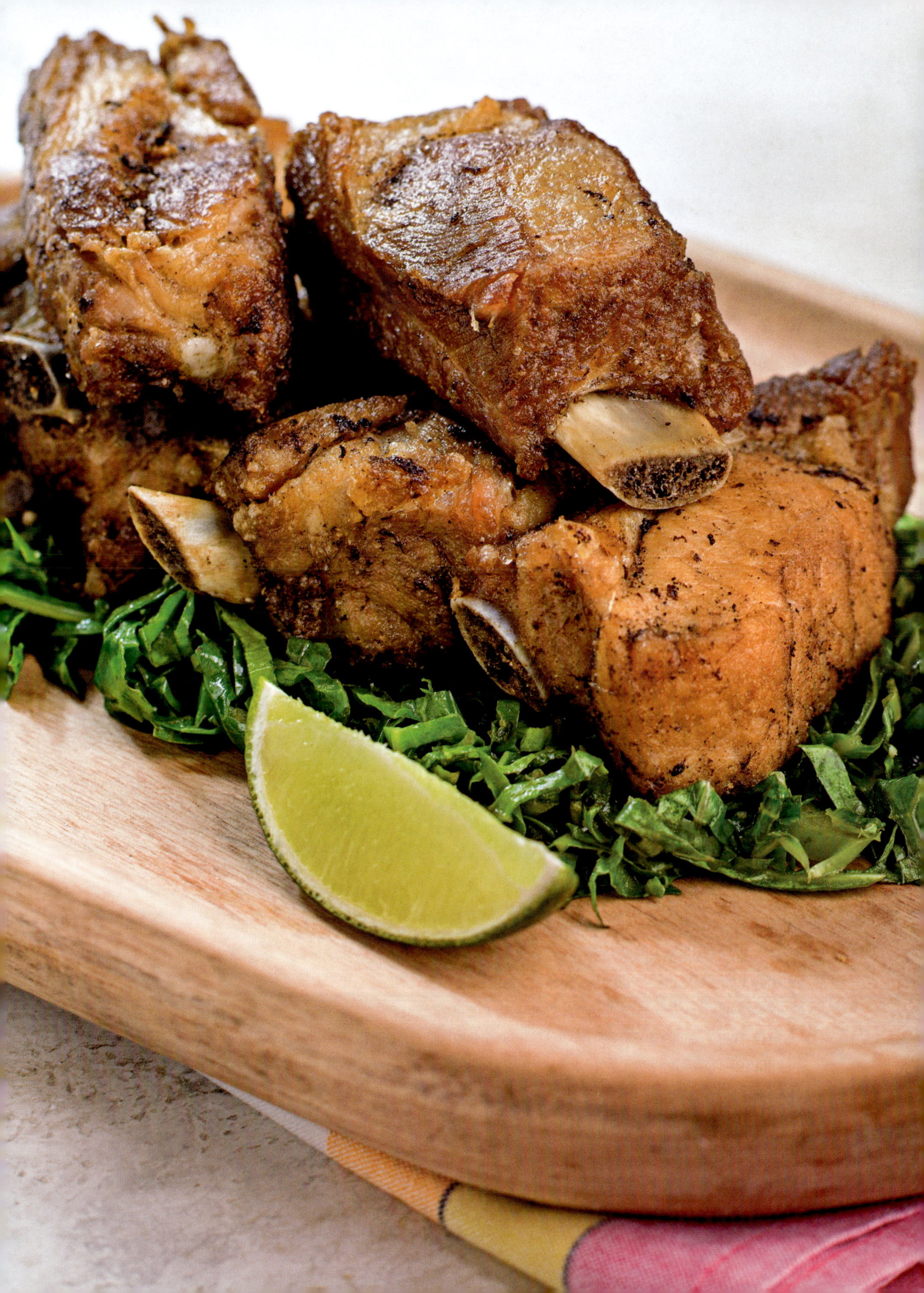

VACA ATOLADA
VACA ATOLADA

rendimento: **6 porções**
tempo de preparo: **2h30**

makes: **6 portions**
ready in: **150 minutes**

ingredientes

- 1kg de costela de boi • 1k g de mandioca
- 2 cebolas cortadas em cubos • 3 tomates sem pele cortados em cubos • 5 dentes de alho • ½ maço de cheiro-verde • Pimenta-de-cheiro a gosto • Pimenta-do-reino e sal a gosto • 2 colheres (sopa) de óleo

ingredients

- 1 kilo beef rib • 1 kg manioc
- 2 onions diced • 3 tomatoes without skin cut into cubes • 5 garlic cloves • ½ packet parsley and chives • pimenta-de-cheiro pepper to taste • black pepper and salt to taste • 2 tablespoons oil

modo de preparo

1. Primeiro, tempere a costela com sal, pimenta-do-reino e alho bem picado e a cebola. Reserve. *2.* Em uma panela grande, aqueça duas colheres de óleo e acrescente a costela, dourando de todos os lados. Junte os tomates picados e meio litro de água. Tampe a panela e deixe cozinhar no fogo baixo por cerca de 2 horas, colocando água sempre que necessário para que a costela não seque. *3.* Cozinhe a mandioca cortada em pedaços médios em água com sal até ficar macia. Reserve. *4.* Quando a costela estiver bem macia, acrescente os pedaços de mandioca, amassando alguns para deixar o molho mais cremoso. Coloque a pimenta-de-cheiro picada e uma pitada de pimenta-do-reino para dar mais sabor. *5.* Deixe cozinhar por mais 15 minutos. *6.* Acrescente o cheiro-verde e deixe cozinhar por mais 30 minutos. *7.* Salpique salsinha picada e sirva.

directions

1. Season the rib with salt, pepper and finely chopped garlic and onion. Set aside. *2.* In a large saucepan, heat two tablespoons of oil and add the rib, stir until golden brown on all sides. Add the chopped tomatoes and 2 cups of water. Cover the pan and cook on low heat for about 2 hours, pouring water whenever necessary so the rib won't dry out. *3.* Cook the cut manioc in medium pieces in salted water until tender. Set aside. *4.* When the rib is very tender, add the manioc pieces, smashing a little to obtain a creamy sauce. Add chopped pimenta-de-cheiro pepper and a pinch of black pepper to add flavor. *5.* Let it cook for another 15 minutes. *6.* Add parsley and chives and cook for another 30 minutes. *7.* Sprinkle chopped parsley and serve.

💡 *Para reduzir o tempo de preparo, você pode usar a panela de pressão. Nesse caso, coloque todos os ingredientes e dobre a quantidade de água. Deixe cozinhar por 40 minutos e verifique se a carne já está bem macia. Acrescente a mandioca e cozinhe por mais 15 minutos com a panela aberta*

To reduce the preparation time, you can use the pressure cooker. In that case, put all the ingredients and double the amount of water. Let it cook for 40 minutes and make sure the meat is already very tender. Add manioc and cook for another 15 minutes without the lid

ARROZ MEXIDÃO
MEXIDÃO RICE

rendimento: **8 porções**
tempo de preparo: **40 minutos**

makes: **8 portions**
ready in: **40 minutes**

ingredientes

- 200g de feijão cozido e escorrido
- 300g de arroz cozido
- 100g de carne de sol cozida
- 100g de lombo cortado em cubinhos
- 4 ovos mexidos
- 100g de bacon em cubinhos
- 1 cebola cortada em cubinhos
- ½ maço de cheiro-verde
- 2 folhas de couve cortadas bem finas
- 1 concha de alho batido com óleo
- 50g de queijo ralado
- Sal a gosto

ingredients

- 200 g cooked and drained beans
- 300 g cooked rice
- 100 g cooked jerked beef
- 100 g pork loin, cut into cubes
- 2 kale leaves, cut very thin
- 1 scoop of garlic mixed with oil
- 50g grated cheese
- Salt to taste

modo de preparo

1. Em uma frigideira aberta coloque o bacon para fritar. Escorra o excesso de gordura.

2. Em seguida, coloque o lombo, a carne de sol e a cebola. Deixe refogar por alguns minutos.

3. Abra um espaço no meio da frigideira. Coloque o feijão, uma pitada de sal e misture bem.

4. Coloque a couve, o arroz e os ovos mexidos e misture novamente.

5. Por último, salpique com cheiro-verde e queijo ralado.

directions

1. Fry the bacon in a frying pan and drain the excess fat. *2.* Then, place the loin, the jerked beef and the onion. Let sauté for a few minutes. *3.* Open a space in the middle of the frying pan. Put the beans, a pinch of salt and mix well. *4.* Put the kale, the rice and the scrambled eggs and mix again. *5.* Sprinkle chives, parsley and grated cheese and serve it

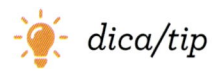

dica/tip

O arroz mexidão também é conhecido como a "paella mineira". Em vez de carne de sol, você pode utilizar frango desfiado para uma receita diferente.

The Mexidão Rice is also known as is also known as the Minas paella. You can use shredded chicken instead of jerked beef.

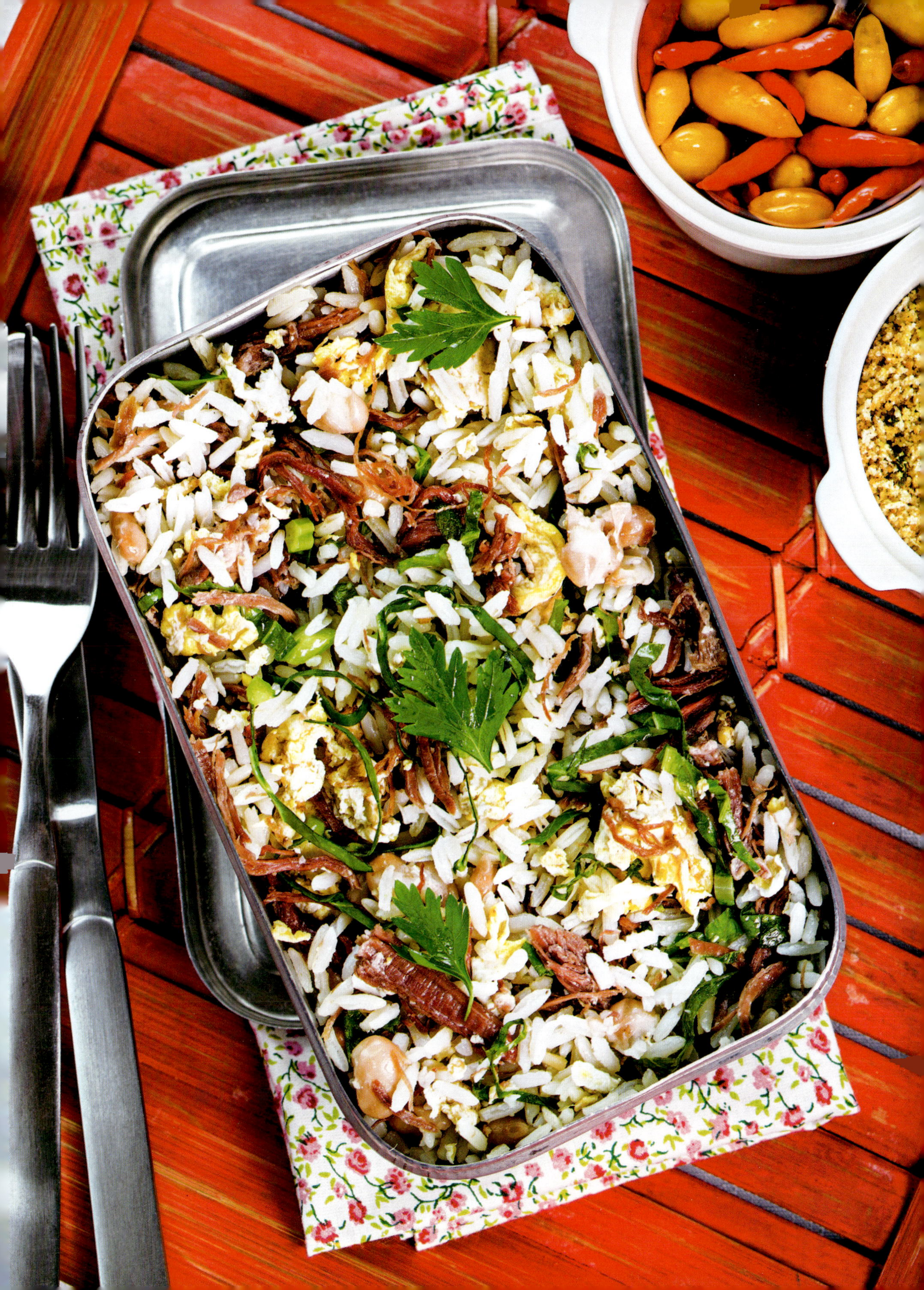

LOMBO ASSADO
ROASTED LOIN

rendimento: **4 porções**　　makes: **4 portions**
tempo de preparo: **3h40**　　ready in: **3h40**

ingredientes

- 1 kg de lombo de porco
- 2 dentes de alho
- 1 colher (café) de pimenta-do-reino
- 1/2 copo de vinho branco
- 5 talos de salsinha
- 1 folha de louro
- 1 colher (sopa) de óleo
- Meia cebola cortada em rodelas
- Suco de dois limões
- Sal a gosto

ingredients

- 1 kg pork loin
- 2 garlic cloves
- 1 tablespoon black pepper
- 1/2 cup white wine
- 5 stalks of parsley
- 1 bay leaf
- 1 tablespoon oil
- Half an onion cut into slices
- Juice of two lemons
- Salt to taste

modo de preparo

1. Em uma forma refratária funda, prepare uma marinada com o alho, o vinho, a salsinha, o louro, a cebola, a pimenta-do-reino, o suco de limão e o sal. Junte o lombo e leve à geladeira, tampado, por pelo menos seis horas.
2. Retire o lombo e a marinada da geladeira 30 minutos antes do preparo. Seque o lombo com papel toalha.
3. Em uma frigideira, aqueça bem uma colher de óleo. Coloque o lombo e deixe dourar. Vire a peça até que esteja dourado de todos os lados.
4. Leve o lombo ao forno com a marinada, e coberto com um papel-alumínio por cerca de 2 horas e meia, até que fique bem macio.

directions

1. In a deep baking dish, prepare a marinade with garlic, wine, parsley, bay leaf, onion, pepper, lemon juice and salt. Add the loin and refrigerate, covered, for at least six hours.
2. Remove the loin and marinade from the refrigerator 30 minutes before preparation. Dry the loin with paper towel.
3. In a frying pan, heat the oil. Place the loin and let it brown. Turn it until it is golden on all sides.
4. Place the loin and the marinade on the oven and cover with aluminium foil. Cook for about 2 1/2 hours, until it gets very soft.

Você pode preparar um molho delicioso aproveitando as sobras de caldo do fundo da forma usada para assar o lombo. Basta acrescentar meia colher (sopa) de farinha de trigo e meia colher de manteiga e levar ao fogo por alguns minutos. Se a mistura ficar muito grossa, adicione água e acerte o tempero. Coe e sirva com o lombo.

You can prepare a delicious sauce using the broth from the bottom of the frying pan that was used to bake the loin. Just add half a tablespoon of wheat flour and half a tablespoon of butter and heat it for a few minutes. If the mixture becomes very thick, add water and season it. Sieve it and serve with the loin.

COZIDO À MINEIRA

MINEIRA STEW

rendimento: **12 porções**
tempo de preparo: **5h30**

makes: **12 portions**
ready in: **5h30**

ingredientes

- 300 g de peito de boi picado em cubos ▪ 200 g de lombo de porco picado em cubos ▪ 200 g de paio picado em rodelas ▪ 100 g de abóbora picada em cubos ▪ 1 cenoura picada ▪ 1 batata picada em cubos ▪ 1 chuchu picado ▪ 1 batata-doce picada ▪ 1 cebola picada ▪ 2 dentes de alho ▪ 2 colheres (sopa) de óleo ▪ Sal e pimenta-do-reino a gosto

ingredients

- 300 g chopped beef brisket
- 200 g pork loin chopped into cubes
- 200 g paio sausage chopped into slices ▪ 100 g pumpkin cut into cubes ▪ 1 chopped carrot ▪ 1 potato cut into cubes ▪ 1 chopped chayote ▪ 1 chopped sweet potato ▪ 1 chopped onion ▪ 2 garlic cloves ▪ 2 tablespoons oil ▪ Salt and black pepper to taste

modo de preparo

1. Em uma panela, doure as carnes de boi e de porco no óleo. Acrescente um pouco de água e tampe para cozinhar. *2.* Deixe secar a água e acrescente o paio, a cenoura, a cebola e o alho. Coloque mais um pouco de água, o suficiente para cobrir os ingredientes até a metade. Tampe e deixe cozinhar por 30 minutos.
3. Quando secar, acrescente o restante dos legumes e um pouco mais de água. Deixe cozinhar em fogo baixo até que todos os ingredientes estejam bem macios.
4. Acerte o sal e a pimenta-do-reino.

directions

1. In a saucepan, brown the beef and pork in the oil. Add a little water and cover for cooking. *2.* Let the water dry and add the paio, carrot, onion, and garlic. Put in some more water, enough to cover the ingredients until halfway. Cover and cook for 30 minutes. *3.* When dry, add remaining vegetables and a little more water. Let it cook over low heat until all the ingredients are very soft.
4. Set the seasoning.

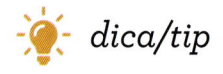

dica/tip

Se estiver inseguro sobre o ponto dos legumes, você pode cozinhá-los separadamente, juntando à carne quando estiverem macios. Para dar mais sabor, acrescente um pedaço de bacon picado à carne.

If you are unsure about the cooking time of the vegetables, you can cook them separately, adding them to the meat when they are tender. To give more flavor, add a piece of chopped bacon to the meat.

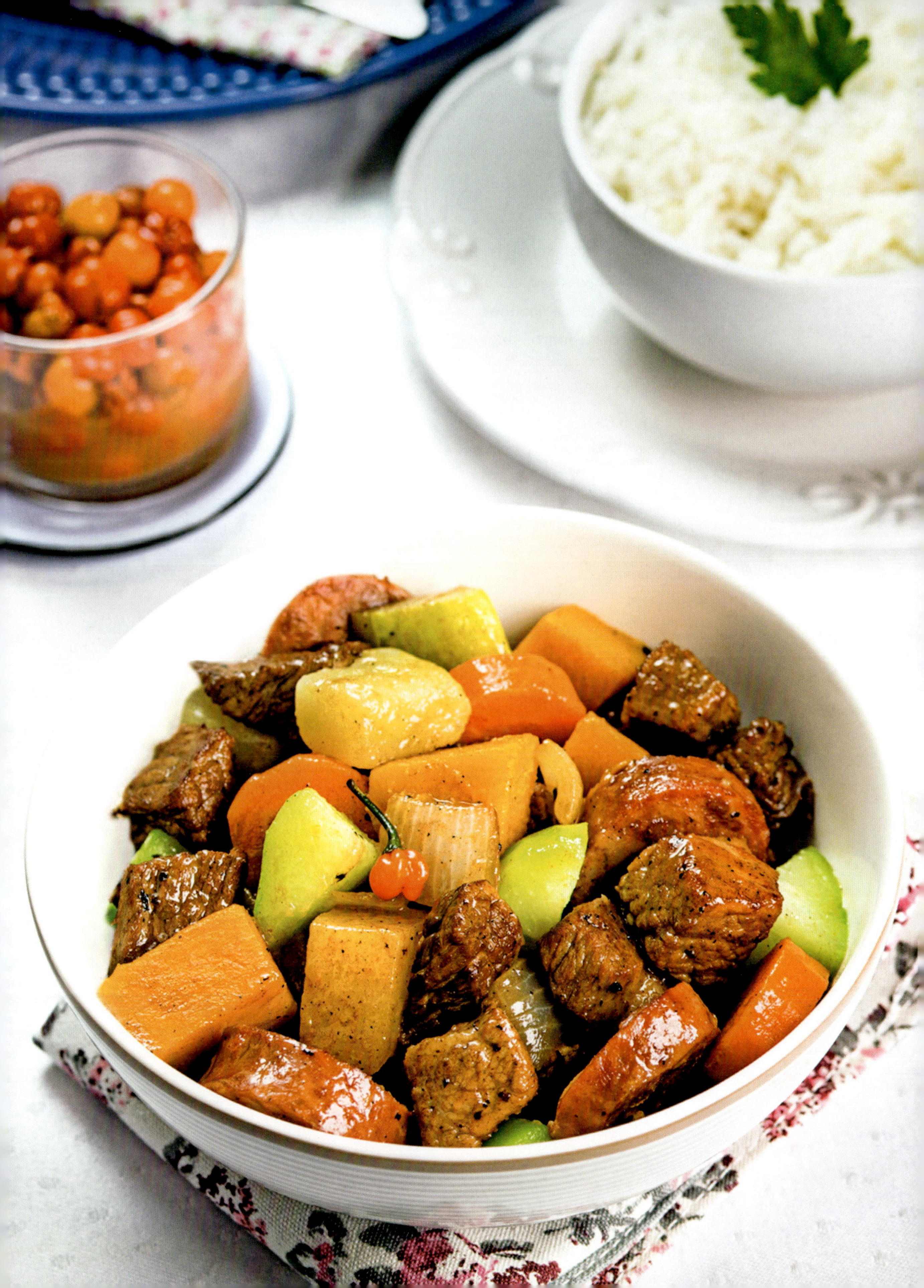

LEITÃO À PURURUCA

PURURUCA PIGLET

rendimento: **12 porções**
tempo de preparo: **5h30**

makes: **12 portions**
ready in: **5h30**

ingredientes

- 1/2 leitão (4 kg)
- 2 conchas de alho batido com óleo
- 2 colheres (chá) de pimenta-do-reino
- 2 colheres (sopa) de sal
- Caldo de um limão espremido

ingredients

- 1/2 piglet (4 kg)
- 2 scoops of garlic mixed with oil
- 2 teaspoons black pepper
- 2 tablespoons salt
- Juice of 1 lemon

modo de preparo

1. Lave bem o leitão, tempere com os outros ingredientes e deixe-o descansar na geladeira de um dia para o outro.
2. No dia seguinte, coloque-o em uma panela com dois litros de água quente e cozinhe por duas horas em fogo alto.
3. Depois, leve ao forno bem quente com o caldo da panela por mais duas horas – até começar a formar a pururuca na pele.
4. Desligue o fogo e mantenha o leitão no forno quente por mais 20 minutos, para obter a crocância.

directions

1. Wash the piglet well, season with all the other ingredients and let it rest in the refrigerator from one day to the next. *2.* On the next day, place it in a pan with 8 cups of hot water and cook it for two hours over high heat. *3.* Then, take it, with the broth of the pan, to heated oven and bake it for another two hours - until begin to form the pururuca (crackling) on the skin. *4.* Turn off the heat and keep the piglet in the hot oven for another 20 minutes, so it gets crunchy.

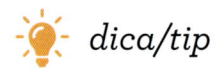

dica/tip

O leitão pode ser servido como aperitivo, cortado em pequenos pedaços, ou como prato principal, acompanhando por couve, tutu de feijão e arroz branco.

The piglet can be served as an appetizer, cut into small pieces, or as a main course, accompanied by kale, tutu (smashed bean) and rice.

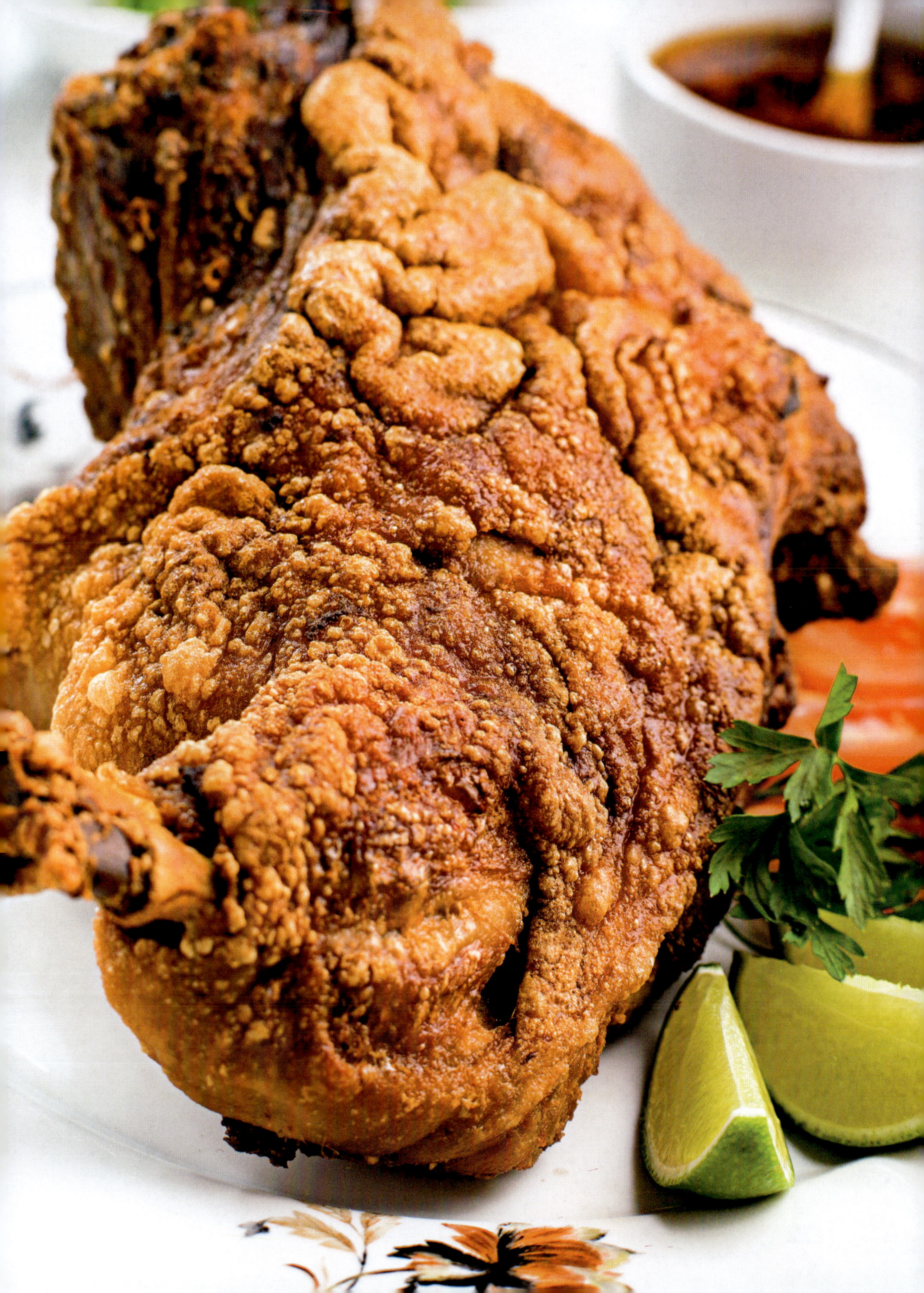

COSTELA COM MANDIOCA
RIBS AND MANIOC

rendimento: **4 porções**
tempo de preparo: **3h30**

makes: **4 portions**
ready in: **3h30**

ingredientes

- 2kg de costela ponta de agulha • 2 cebolas roxas • 150 g de minicebolas • 150 g de farinha de milho flocada • 2 colheres de sopa de manteiga • 2 litros de caldo de carne ou água • 2 colheres de sopa de molho de soja • 1 cabeça de alho • 500 g de mandioca • 1 ramo de alecrim • Salsinha picada para finalizar

ingredients

- 2 kg beef rib • 2 red onions • 150 g baby onion • 150 g flocked corn flour • 2 tablespoons butter • 8 cups of meat broth or water • 2 tablespoons soy sauce • 1 head garlic • 500 g manioc • 1 sprig of rosemary • Chopped parsley

modo de preparo

1. Doure bem a costela já temperada com sal e leve-a ao forno a 250°C por 10 minutos numa assadeira funda com as cebolas roxas fatiadas grosseiramente, o ramo de alecrim e os dentes de alho inteiros. *2.* Abaixe a temperatura do forno para 160°C, adicione o caldo de carne ou a água e o molho de soja na assadeira, cubra com papel alumínio e deixe assar por 3 horas. *3.* Cozinhe em água salgada a mandioca descascada até que fique macia. *4.* Retire a costela do forno e sirva com a mandioca. Salpique a salsinha picada apenas na hora de colocar o prato à mesa.

directions

1. Seasoned rib with salt, brown it, and bake at 250 ° C for 10 minutes on a deep baking sheet with roughly sliced red onions, rosemary and whole garlic cloves. *2.* Lower oven temperature to 160 ° C, add broth or water and soy sauce to the baking dish, cover with foil and bake for 3 hours. *3.* Cook the peeled manioc in salted water until soft. *4.* Remove the rib from the oven and serve with the manioc. Sprinkle the chopped parsley before serving.

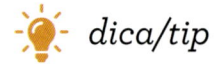

dica/tip

Para deixar o molho mais encorpado, acrescente dois tomates sem pele e sem sementes à receita. Sirva com farofa de ovo (ver página 56) e arroz branco

To make the sauce thicker, add two skinless and seedless tomatoes to the recipe. Serve with egg farofa (see page 56) and rice

culinária mineira   coleção tempero brasileiro

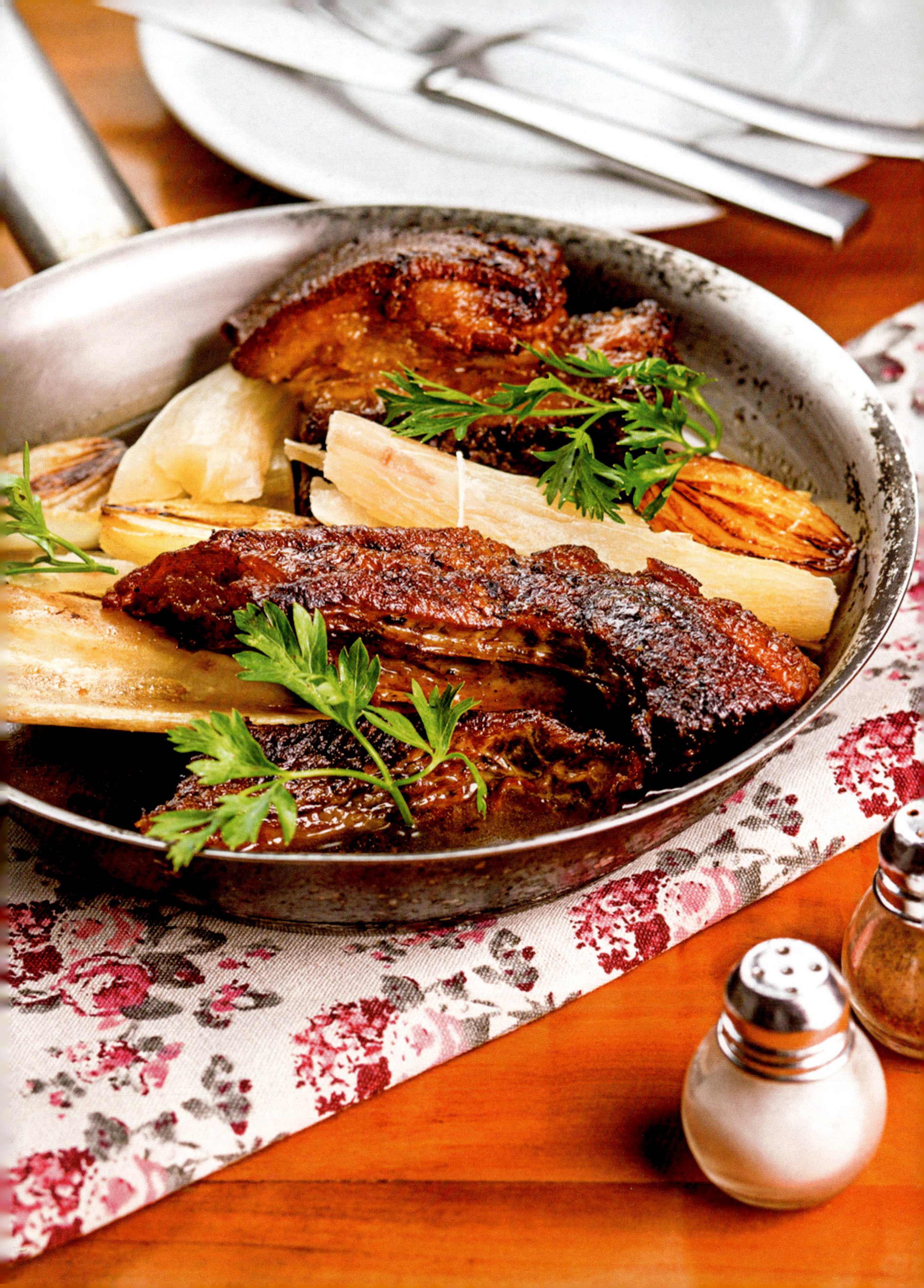

ARROZ DE SUÃ

LOIN ON RICE

rendimento: **6 porções** makes: **6 portions**
tempo de preparo: **50 minutos** ready in: **50 minutes**

ingredientes

- 1.5 kg de suã (corte da espinha do porco com um pouco de carne) • 1 orelha de porco • 1 pé de porco • 6 dentes de alho inteiros • 2 cebolas bem picadas • 1 cebola roxa cortada em fatias finas • 50 g de pimenta-de-cheiro picada finamente • 2 folhas de louro • 2 litros de caldo de legumes • 2 colheres (sopa) de óleo • 50 g de bacon em cubos • 400 g de linguiça fresca assada e cortada (em rodelinhas se for fina, em cubinhos se for grossa) • 500 g de arroz • 200 g de tomate em cubos • Salsinha picada • Cebolinha picada • Sal a gosto • Pimenta-do-reino a gosto • 1 limão-cravo a gosto

modo de preparo

1. Numa panela de pressão, doure bem a suã com um pouco de óleo e reserve. *2.* Acrescente o bacon e deixe dourar. *3.* Acrescente a cebola branca, a pimenta-de-cheiro e os dentes de alho, o sal, a pimenta-do-reino, o louro e a salsinha. *4.* Assim que a cebola murchar, acrescente o caldo, o louro, o pé e a orelha de porco. *5.* Acrescente a suã e cozinhe por 15 minutos na pressão. *6.* Retire a suã, desosse-a e reserve a carne. Coe o caldo. *7.* Numa panela grande, acrescente um pouco de óleo e frite a linguiça e a cebola roxa. *8.* Adicione o arroz e 1.5 litro do caldo do cozimento da suã, sua carne desfiada e a orelha picada. *9.* Quando o arroz estiver quase pronto, acrescente o tomate picado, a salsa e, se necessário, um pouco mais de caldo (o arroz deve ser bem úmido). *10.* Finalize com limão-cravo espremido e cebolinha.

ingredients

- ½ kg Loin (cut of pork, just under the back fat but with a little more meat) • 1 pork ear • 1 pork foot • 6 garlic cloves • 2 finely chopped onions • 1 red onion cut into thin slices • 50 g pimenta-de-cheiro pepper, chopped very thin • 2 bay leaves • 8 cups vegetable broth • 2 tablespoons oil • 50 g bacon cut into cubes • 400 g fresh roasted sausage (cut into slices if it is thin, or cut into cubes if it is thick) • 500 g rice • 200 g diced tomatoes • chopped parsley and chives • salt to taste • pepper to taste • 1 Rangpur lime

directions

1. In a pressure cooker, lightly brown the oil and set aside. *2.* Add bacon and brown it. *3.* Combine white onion, pepper, garlic, salt, pepper, bay leaf and parsley. *4.* As soon as the onion withers, add the broth, bay leaf, foot and the ear of pig. *5.* Add loin and cook for 15 minutes under pressure. *6.* Remove the loin, bone it and set aside. Strain the broth. *7.* In a large saucepan, add a little oil and fry the sausage with purple onion. *8.* Add the rice and 2 cups of the baking broth of the loin, the loin shredded meat and chopped ear. *9.* When the rice is almost ready, add chopped tomato, parsley and, if necessary, a little more broth (the rice should be very wet). *10.* Finish with squeezed Rangpur lime and chives.

dica/tip

Se não encontrar a suã, você pode produzir esta receita usando costelinha de porco. Quando ela estiver bem cozida, desfie a costela e descarte os ossos.

If you do not find the pork loin, you can prepare this recipe using pork ribs. When it is cooked, shred the rib and discard the bones.

ARROZ À CAVALO

ARROZ À CAVALO

rendimento: **6 porções** makes: **6 portions**
tempo de preparo: **45 minutos** ready in: **45 minutes**

ingredientes

- 500g de arroz agulhinha • 300g de costela suína defumada • 400g de feijão roxinho • 200g de carne de sol • 1 cebola branca • 1 cebola roxa • 100g de banana-da-terra descascada • 4 dentes de alho • 1 maço de couve • 150g de farinha de milho flocada • 150g de linguiça portuguesa • 3 colheres (sopa) de óleo • 1 colher (sopa) de manteiga • Sal a gosto • Pimenta-do-reino a gosto • 1 maço de cebolinha para finalizar • 6 ovos

modo de preparo

1. Cozinhe o feijão na pressão com a costelinha em 2 litros de água por 25 minutos e reserve. *2.* Escorra o feijão e guarde metade do caldo de cozimento. *3.* Corte em cubos pequenos a costelinha, a carne de sol, a banana, a couve (em placas de mesma aresta) e a cebola roxa. *4.* Doure bem a carne de sol com um pouco de óleo. Quando estiver bem dourada, acrescente a linguiça e a costelinha. Refogue e retire da panela. *5.* Aproveite a gordura que se desprendeu das carnes para refogar a cebola branca cortada em cubos pequenos, em seguida acrescente o alho bem picado, o arroz e a metade do caldo de cozimento do feijão. Deixe cozinhar até secar a água. *6.* Misture as carnes e o feijão. *7.* Em outra panela acrescente um pouco de óleo, a cebola roxa e frite por alguns instantes. Acrescente então a banana-da-terra, a couve e a mistura de arroz e feijão. *8.* Para finalizar, pique a cebolinha finamente, faça uma farofa simples refogando a farinha flocada na manteiga, frite os ovos e sirva tudo junto: o arroz coberto com a farofa e a cebolinha e os ovos por cima de tudo.

ingredients

- 500 g rice • 300 g smoked pork ribs • 400 g red beans • 200 g of jerked beef • 1 white onion • 1 red onion • 100g peeled plantain • 4 cloves garlic • 1 bunch of kale • 150g flocked corn flour • 150 g Portuguese sausage • 3 tablespoons oil • 1 tablespoon butter • Salt to taste • Pepper to taste • 1 bunch chives • 6 eggs

directions

1. In a pressure cooker, cook the beans with the pork ribs in 8 cups of water for 25 minutes and set aside. *2.* Drain the beans and save half of the broth. *3.* Cut the beef into small cubes the ribs, jerked beef, plantain, kale and red onion into small cubes. *4.* Brown the jerked beef with a little oil. When it is golden brown, add the sausage and ribs. Sauté and remove from the saucepan. *5.* Use the remaining fat from meat to sauté the white onion chopped into small cubes. Then add the chopped garlic, the rice and half of the bean broth. Cook until it dries out. *6.* Mix the meat and beans. *7.* In another saucepan add oil, the red onion and fry it for a few moments. Then add the plantain, kale and the mixture of rice and beans. *8.* To serve it, chop the chives finely, make a simple farofa by sautéing the flocked flour in the butter, fry the eggs and serve it together: the rice covered with the farofa and the chives and eggs on top of everything.

dica/tip

Para fritar o ovo e manter a gema mole, coloque-o sobre o óleo morno e mantenha em fogo baixo até cozinhar a clara. Acrescente à receita meia pimenta de cheiro picada para deixar o sabor mais marcante.

To fry the egg and keep the soft egg yolk, place it over the warm oil and keep on low heat until the egg white is cooked. Add to the recipe half chopped pimenta-de-cheiro pepper to achieve a unique flavor

ARROZ DE COSTELA
RIBS ON RICE

rendimento: **6 porções** makes: **6 portions**
tempo de preparo: **4 horas** ready in: **4 hours**

ingredientes

- 2kg de costela ponta de agulha • 2 cebolas roxas • 150g de minicebolas • 150g de farinha de milho flocada • 2 colheres de sopa de manteiga • 2 litros de caldo de carne ou água • 2 colheres de sopa de molho de soja • 1 cabeça de alho • 500g de arroz agulhinha • Salsinha para finalizar • 1 ramo de alecrim • Sal a gosto

modo de preparo

1. Doure bem a costela já temperada com sal a gosto e a leve ao forno a 250°C por 10 minutos numa assadeira funda com as cebolas roxas fatiadas grosseiramente, o ramo de alecrim e os dentes de alho inteiros. **2.** Abaixe a temperatura do forno para 160 graus, adicione o caldo ou água à assadeira e o molho de soja. Cubra com papel alumínio e deixar assar por 3 horas. Retire a costela do forno, dessosse, corte em cubos médios e coe o caldo. **3.** Cozinhe o arroz no caldo da costela. Sirva bem úmido coberto com minicebolas tostadas na manteiga e uma farofa simples (com farinha de milho passada na manteiga) e folhas de salsinha.

ingredients

- 2 kg beef prime rib • 2 red onions • 150 g baby onion • 150 g flocked corn flour • 2 tablespoons butter • 8 cups beef broth or water • 2 tablespoons soy sauce • 1 head of garlic • 500 g rice • Parsley • 1 sprig of rosemary • Salt to taste

directions

1. Sauté the rib, well-seasoned with salt, and bake at 250° C for 10 minutes on a deep baking sheet alongside the roughly sliced red onions, rosemary sprig and garlic cloves. **2.** Lower the oven temperature to 160° C, add broth or water and the soy sauce to the baking sheet. Cover with foil and bake for 3 hours. Remove the rib from the oven, bone it, and cut into medium cubes and strain the broth. **3.** Cook the rice in the rib broth. Serve it well moistened, with baby onions toasted in the butter and a simple farofa (with maize flour fried with the butter) and leaves of parsley.

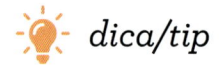

dica/tip

Para tostar as cebolas, coloque-as sobre uma chapa bem quente até que fiquem douradas. E deixe o prato ainda mais mineiro, acrescente ora-pro-nóbis refogado (ver página 84).

To toast the onions, place them on a very hot baking sheet until they are golden brown. And make the dish even more on Minas Gerais style by adding ora-pro-nóbis (See page 84)

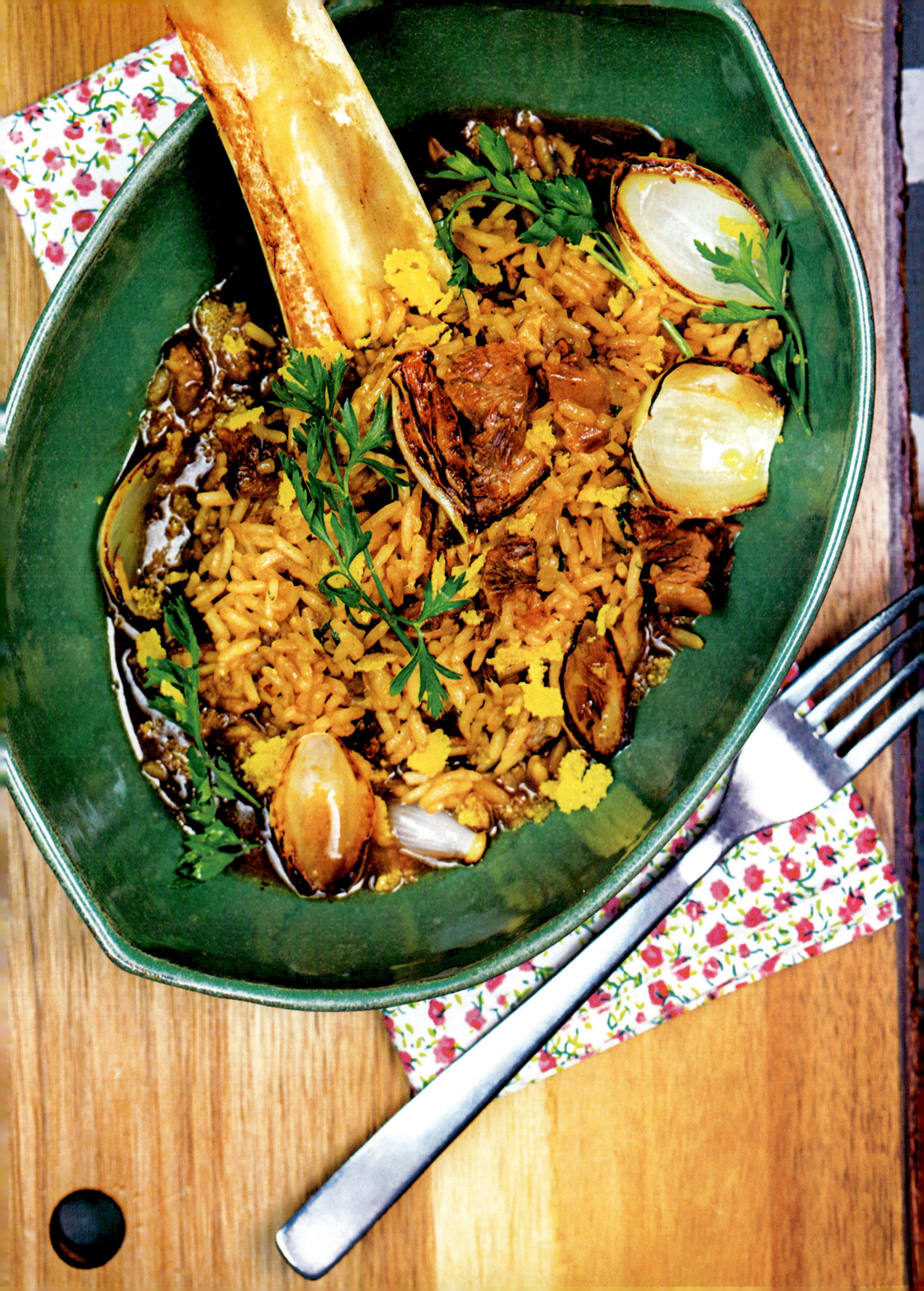

FEIJOADA DO CONSULADO

CONSULATE FEIJOADA

rendimento: **6 porções** makes: **6 portions**
tempo de preparo: **3 horas** ready in: **3 hours**

ingredientes

- 200 g de feijão preto
- 100 g de linguiça
- 100 g de paio
- 200 g de costelinha
- 200 g de lombo
- 200 g de carne de sol
- 1 colher (sopa) de alho batido com óleo
- 1 folha de louro
- 1 cebola picada
- 3 dentes de alho picados

ingredients

- 200 g black beans
- 100 g sausage
- 100 g paio
- 200 g ribs
- 200 g sirloin
- 200 g jerked beef
- 1 tablespoon garlic whipped with oil
- 1 bay leaf
- 1 chopped onion
- 3 cloves garlic, minced

modo de preparo

1. Cozinhe o feijão e reserve.

2. Coloque a costelinha, o lombo e a carne de sol na panela de pressão para cozinhar e troque a água três vezes para dessalgar.

3. Em outra panela, refogue o feijão com óleo e alho.

4. Acrescente as carnes já cozidas e dessalgadas e em seguida o paio e a linguiça em rodelas fritos.

5. Deixar apurar por 1 hora e sirva acompanhada de couve, arroz, laranja, torresmo e farofa.

directions

1. Cook the beans and set aside.

2. Put in the pressure cooker the ribs, sirloin and jerked beef. Change the water three times to remove the salt.

3. In another pan, sautee the beans with oil and garlic. *4.* Add the cooked and desalted meats and combine the paio and the sausage in fried slices. *5.* Cook for 1 hour and serve with kale, rice, orange, pork cracklings and farofa.

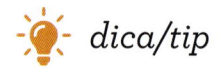

dica/tip

Para deixar a feijoada mais cremosa, separe um pouco de feijão e bata no liquidificador. Misture com a feijoada e deixe apurar. Esse caldinho batido também pode ser servido como um tira-gosto, em pequenos copinhos.

To make the feijoada creamier, set aside some beans and beat them in the blender. Mix with the feijoada and let it cook. This smashed cream can also be served as an appetizer in small cups.

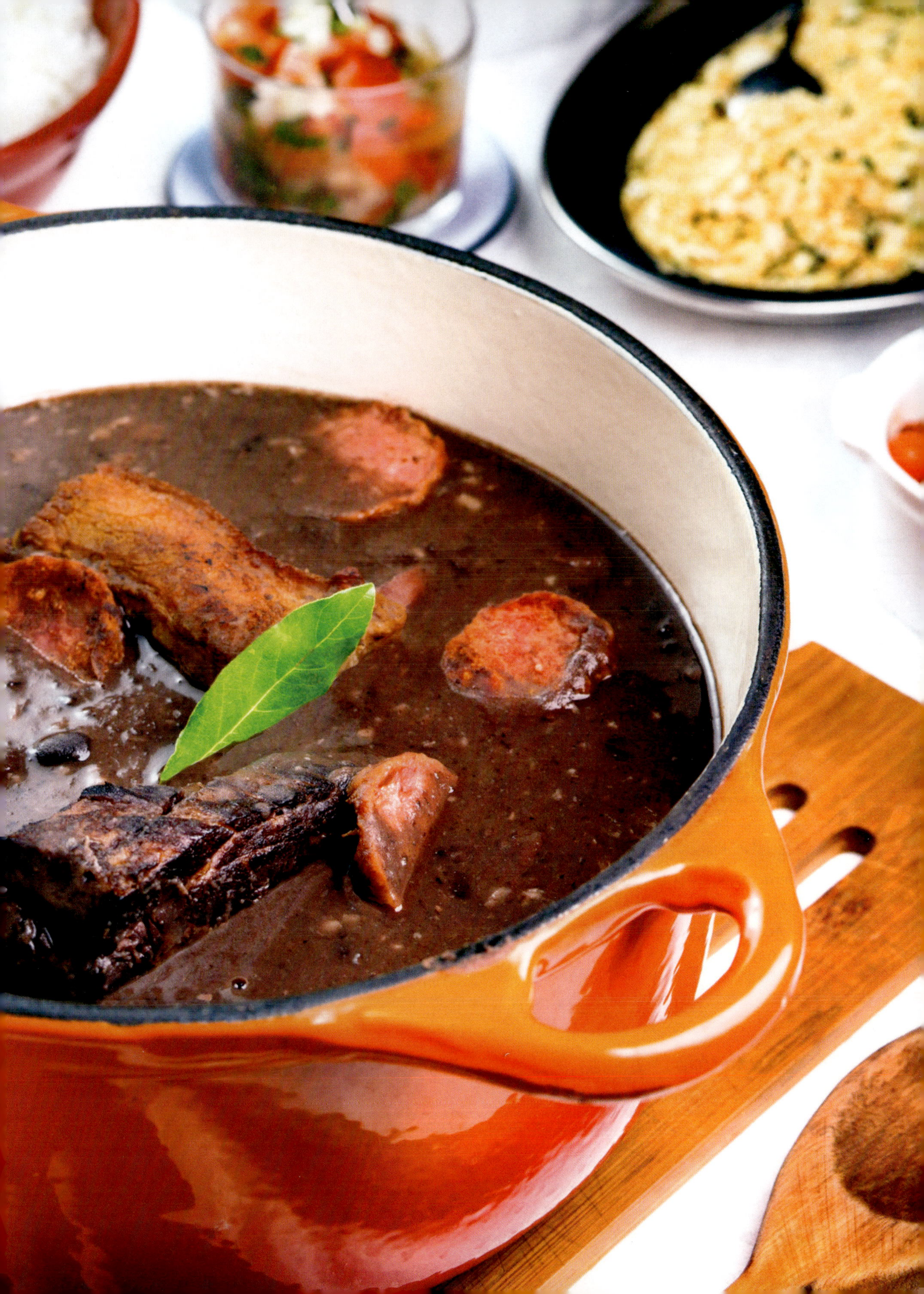

PERNIL DE PANELA

PAN-SEARED LOIN

rendimento: **5 porções**　　makes: **5 portions**
tempo de preparo: **45 minutos**　　ready in: **45 minutes**

ingredientes

- 1.5 kg de pernil de porco sem osso • 3 cebolas picadas • ½ pimentão verde picado • ½ pimentão amarelo picado • 2 tomates picados • 3 dentes de alho picados • ½ xícara de vinho branco • 1 folha de louro • 4 colheres de azeite • Sal a gosto • Pimenta-do-reino a gosto • Cheiro-verde para finalizar

modo de preparo

1. Corte o pernil em cubos grandes e tempere com a cebola picada, o alho, o vinho branco, o louro, sal e a pimenta. *2.* Deixe descansar por uma hora na geladeira. Escorra o tempero e reserve. *3.* Em uma panela, aqueça o azeite. Acrescente os cubos de carne e refogue bem, até dourar. *4.* Acrescente os pimentões e os tomates picados. *5.* Junte o caldo do tempero da carne. Tampe e deixe cozinhar por 15 minutos (acrescente água aos poucos) e cozinhe até que a carne fique bem macia. *6.* Acerte o sal e salpique cheiro-verde picado antes de servir.

ingredients

- 1.5 kg of boneless pork shank • 3 chopped onions • ½ chopped green pepper • ½ chopped yellow pepper • 2 tomatoes, chopped • 3 cloves garlic, minced • ½ cup white wine • 1 bay leaf • 4 tablespoons olive oil • Salt to taste • Pepper to taste • chives and parsley

directions

1. Cut the shank into large cubes and season it with chopped onion, garlic, white wine, bay leaf, salt and pepper. *2.* Place it on the refrigerator for an hour. Drain the seasoning and set aside. *3.* In a saucepan, heat the oil. Add the cubes of meat and saute well, until golden. *4.* Add the chopped peppers and tomatoes. *5.* Add the seasoning broth. Cover and cook for 15 minutes (add water gradually) and cook until the meat is very tender. *6.* Stir the salt and sprinkle with chopped chives and parsley before serving.

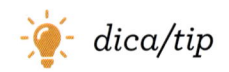

dica/tip

O pernil de panela fica ótimo se acompanhado pela batata-doce caramelada (ver página 83). Use meia colher de sopa de açafrão para deixar o caldo com mais cor.

The pan-seared loin will be even tastier if served alongside the caramelised sweet potato (see pg. 83.). Use half a tablespoon of saffron to add more color to the broth.

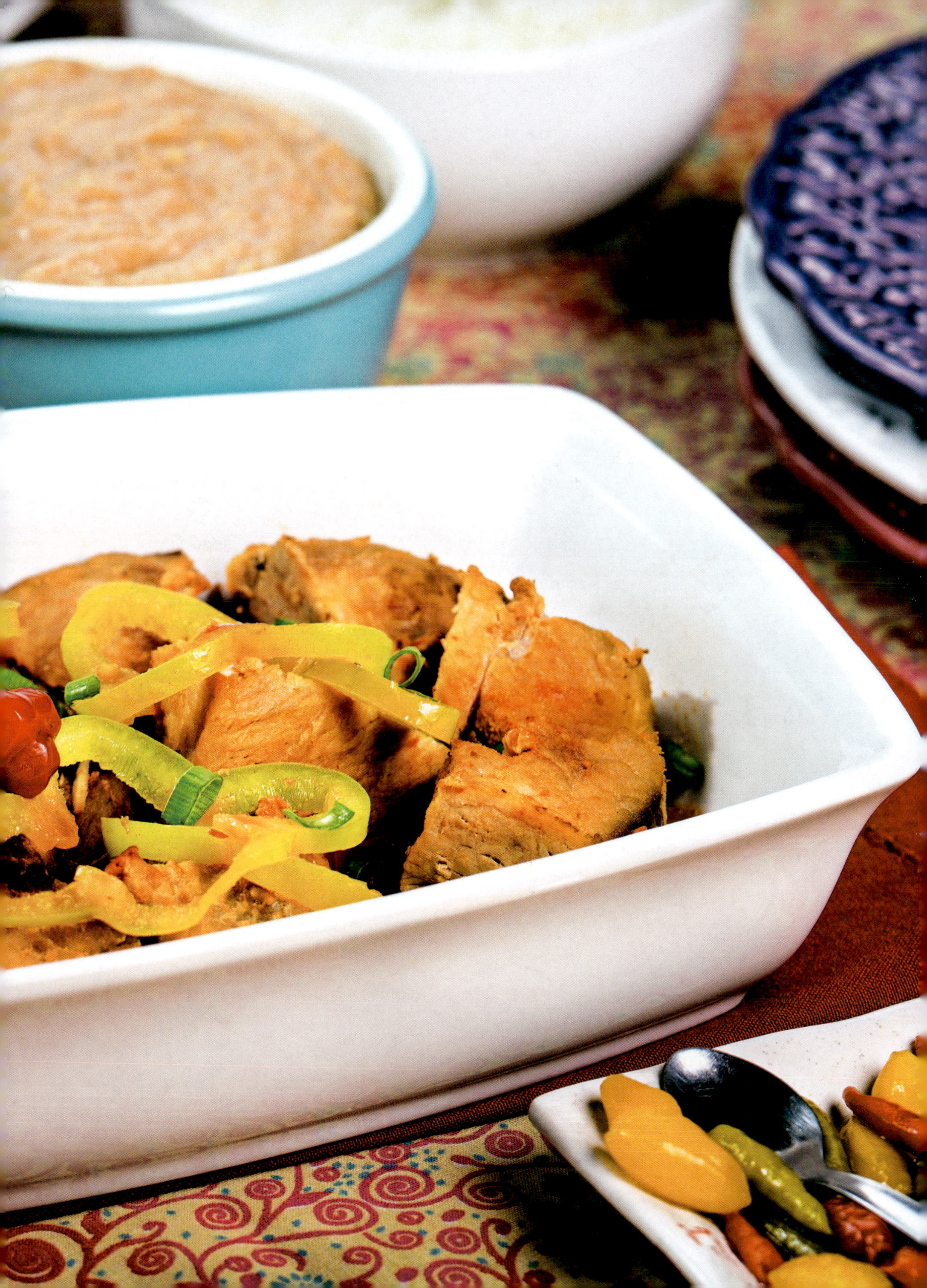

Embora seja um prato principal, esta receita também pode ser servida como petisco. E um molho de mostarda e mel também faz bonito com a costelinha.

Although it is a main course, this recipe can also be served as a snack. And a honey and mustard sauce also makes a good pairing with the ribs.

COSTELINHA COM MOLHO DE RAPADURA E AGRIÃO

PORK RIBS WITH RAPADURA SAUCE AND CRESS

rendimento: **6 porções**
tempo de preparo: **2 horas**

makes: **6 portions**
ready in: **120 minutes**

ingredientes

Molho: • 1 colher (sopa) de manteiga • 1 cebola média bem picada • 2 xícaras (chá) de rapadura em raspas • 1 xícara (chá) de vinagre branco • 4 colheres (sopa) de mostarda

Costelinha: • 1 kg de costelinha de porco • 1 colher (sopa) de óleo • Tempero mineiro a gosto (ver página 22 • 150 ml de cachaça • 1 cebola média cortada em cubos • 6 dentes de alho picadinho • 1 colher (sopa) de urucum • 1 folha de louro • Cheiro-verde a gosto • 3 tomates sem sementes picados • Pimenta-malagueta a gosto

ingredients

Sauce • 1 tablespoon butter • 1 medium onion, finely chopped • 2 cups rapadura, in chips • 1 cup white vinegar • 4 tablespoons mustard

Pork ribs • 1 kg of pork ribs • 1 tablespoon oil • Minas Gerais seasoning (see page 22 • 150 ml cachaça • 1 medium onion diced • 6 cloves garlic minced • 1 tablespoon annatto • 1 bay leaf • Parsley and Chives • 3 tomatoes, chopped • Chilli pepper to taste

modo de preparo

Molho: **1.** Para o molho misture todos os ingredientes e leve ao fogo até que se tornem uma mistura uniforme. Coloque ainda quente sobre as costelas.
Costelinha: **1.** Ferva uma panela com água. Depois coloque a cachaça, as costelas e ferva por mais 5 minutos. **2.** Lave, escorra, tempere e frite as costelas em óleo quente. Reserve. **3.** Refogue a gordura, o alho, a cebola, o tempero mineiro e o urucum. Coloque as costelas para dourar. Pingue água aos poucos, coloque o louro, o cheiro-verde e a pimenta. **4.** Deixe tampado cozinhando até a carne ficar macia. **5.** Desligue e jogue molho de rapadura por cima. **6.** Acompanha o agrião.

directions

Sauce **1.** To prepare the sauce, combine all the ingredients and heat in a saucepan until it becomes a uniform mixture. Pour it over the ribs while it's still hot.
Pork ribs **1.** Bring the water to boil. Then add cachaça, ribs and boil for another 5 minutes. **2.** Wash, drain, season and fry the ribs in hot oil. Set aside. **3.** Sautee fat, garlic, onion, minced seasoning and annatto. Put the ribs to brown. Pour water slowly, add the bay leaf, parsley, chives and the pepper. **4.** Cover the pan and cook until the meat is tender. **5.** Turn off the heat and throw rapadura sauce on top. **6.** Serve it with the watercress.

COSTELINHA AO FORNO COM PURÊ DE BATATA DOCE

BAKED PORK RIBS WITH SWEET POTATO PUREE

rendimento: **5 porções**
tempo de preparo: **45 minutos**

makes: **5 portions**
ready in: **45 minutes**

ingredientes

Purê • 1 kg de batata-doce • 2 colheres (sopa) de manteiga • 1 pitada de noz-moscada • 1 pitada de sal • 1 pitada de pimenta-do-reino

Costela • 2 kg de costela de porco • 1 cebola grande ralada • 4 dentes de alho picado • 2 colheres (sopa) de suco de limão • 2 colheres (sopa) de azeite • Sal e pimenta-do-reino a gosto

modo de preparo

Purê **1.** Cozinhe as batatas-doces em água até que fiquem bem macias. **2.** Escorra a água e amasse as batatas. **3.** Em uma panela, aqueça a manteiga e acrescente a batata amassada, mexendo bem. **4.** Acrescente o sal, a noz-moscada e a pimenta-do-reino.
Costela **1.** Lave bem a costela (cortada em pedaços) e tempere com cebola, alho, sal, pimenta-do-reino e o suco do limão. Deixe marinar por 20 minutos. **2.** Em uma panela, aqueça o azeite e doure as costelas. **3.** Em seguida, coloque as costelas em uma assadeira e pincele com um pouco mais de azeite e cubra com papel-alumínio. **4.** Leve ao forno para assar 30 minutos ou até que fiquem bem macias e douradas. **5.** Sirva a costelinha com uma porção de purê.

ingredients

Puree • 1 kg sweet potato • 2 tablespoon butter • 1 pinch nutmeg • 1 pinch salt • 1 pinch black pepper

Pork Ribs • 2 kg of pork rib • 1 large onion, grated • 4 cloves garlic, chopped • 2 tablespoons lemon juice • 2 tablespoons olive oil • Salt and black pepper to taste

directions

Puree **1.** Cook the sweet potatoes in water until they are tender. **2.** Drain the water and mash the potatoes. **3.** In a saucepan, heat the butter and add the mashed potatoes, stirring well. **4.** Add the salt, nutmeg, and black pepper.
Pork Ribs **1.** Wash the rib very well (cut into pieces) and season with onion, garlic, salt, pepper and lemon juice. Let marinate for 20 minutes. **2.** In a saucepan, heat the oil and brown the ribs. **3.** Then, place the ribs on a baking sheet and brush with a little more olive oil and cover with foil. **4.** Bake it for 30 minutes or until gets very tender and golden. **5.** Serve the ribs with puree.

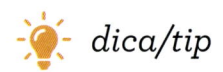

dica/tip

Asse as costelinhas no forno lentamente. Isso garante que o prato fique mais saboroso. A mesma receita pode ser reproduzida usando-se barriga de porco fatiada no lugar das costelas.

Bake the ribs in the oven, very slowly. This makes the meat even tastier. The same recipe can be done using sliced pork belly instead of the ribs.

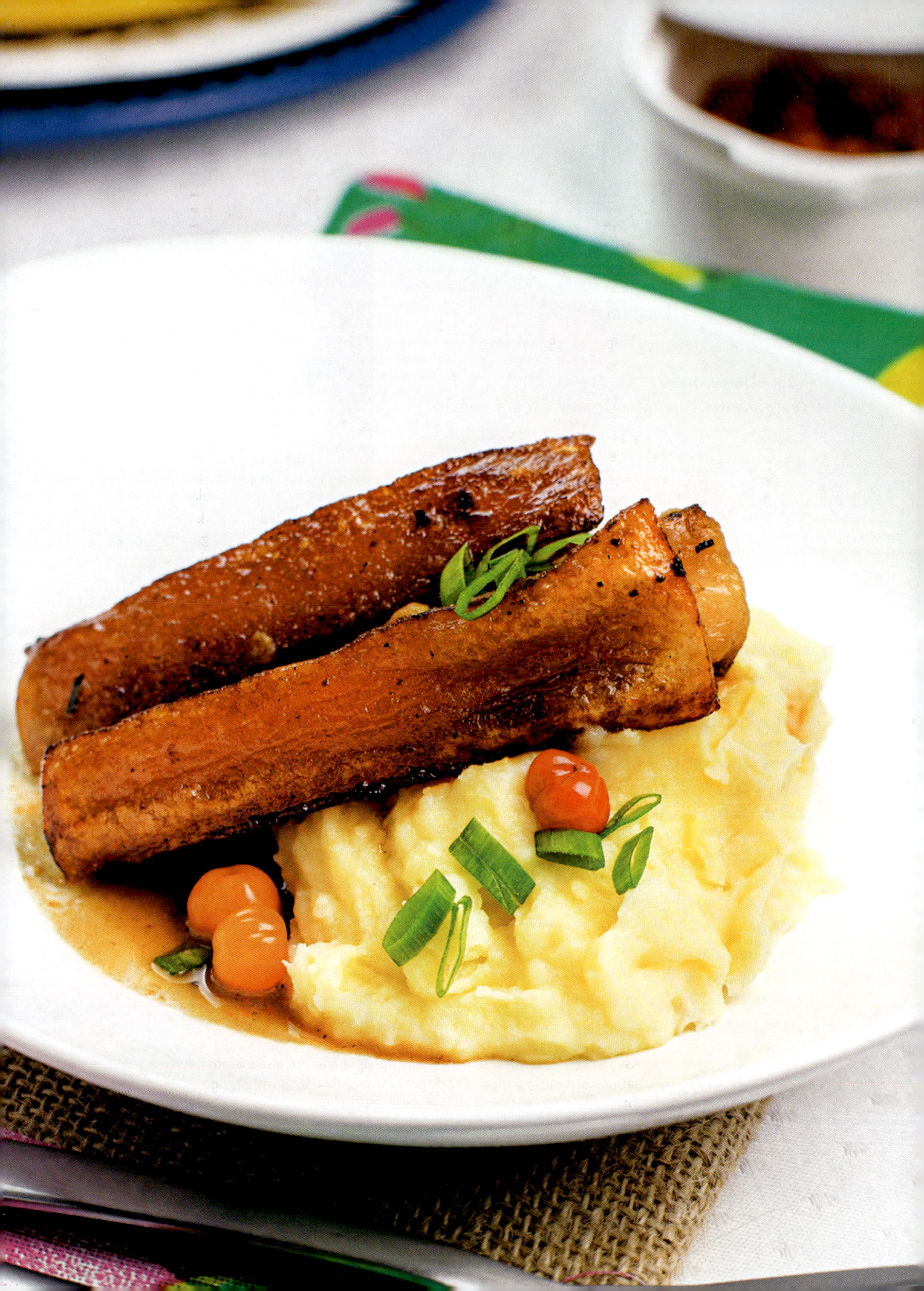

Onde encontrar
WHERE TO TASTE THE MINAS CUISINE

Veja abaixo onde encontrar os chefs e restaurantes que participaram desta edição:

See below where to find the chefs and restaurants that took part in this edition:

Banana Verde (foto)
Chef Priscilla Herrera
www.bananaverde.com.br
Rua Harmonia, 278, Vila Madalena
São Paulo/SP

Consulado Mineiro – Cônego
Chef Fernando Carneiro
www.consuladomineiro.com.br
Rua Cônego Eugênio Leite, 504, Pinheiros
São Paulo/SP

Dona Lucinha
Chef Elzinha Nunes
www.donalucinha.com.br
Av. Chibarás, 399, Moema
São Paulo/SP

Jiquitaia
Chef Marcelo Côrrea Bastos
www.jiquitaia.com.br
Rua Antonio Carlos, 268, Consolação
São Paulo/SP